Wir alle sind Kinder Gottes

Annelies Dietl

Wir alle sind Kinder Gottes

25 Geschichten zur Erstkommunion

Verlag Friedrich Pustet
Regensburg

2. Auflage 1995

ISBN 3-7917-1408-2

Umschlag: Rosemary Dorner-Weise, Germering
Gesamtherstellung: Friedrich Pustet, Regensburg
Printed in Germany 1995

Inhaltsverzeichnis

Nur ein kleiner Satz

Es war jeden Morgen das gleiche. Philipp und Florian saßen schon längst beim Frühstück, als die Mutter nach oben rief: „Franziska, beeil dich! Du kommst zu spät zur Schule!“
Endlich kam Franziska, schlecht gelaunt wie an jedem Morgen, die Treppe heruntergepoltert. Sie ließ sich auf den Stuhl plumpsen.
„Auch schon da, das gnädige Fräulein?“ sagte Florian und biß kräftig in sein Brot.
„Blödmann!“ fauchte Franziska zurück.
„Mensch, die hat wieder eine Laune“, meinte Philipp.
„Guten Mooorgen“, sagte die Mutter freundlich. Sie kam gerade mit einer Tasse heißen Kakaos aus der Küche. „Komm, Franziska, ich schmier dir schnell noch ein Brot. Was möchtest du denn draufhaben?“ Franziska deutete stumm auf die Butter und das Glas mit dem Honig.
„Stumm wie ein Fisch und das schon am frühen Morgen“, lästerte Florian, schnitt eine Grimasse und fügte noch halblaut hinzu: „Morgenmuffel.“
Die Kinder hatten das Haus verlassen, und die Mutter setzte sich noch einmal an den Tisch. Sie schenkte sich eine Tasse Kaffee ein und dachte nach. Was könnte ich tun, damit Franziska morgens nicht immer gar so mürrisch ist? Am Abend dann, als wieder alle am Tisch saßen, diesmal war auch der Vater dabei, sagte sie zu den Kindern: „Ich habe eine Idee. Jeder von euch schreibt heute noch einen Zettel und hängt ihn so an sein Bett, daß er ihn morgen früh, gleich wenn er aufwacht, sofort lesen kann.“
„Und wofür soll das gut sein?“ fragte Philipp.
„Das wirst du gleich erfahren“, antwortete die Mutter.

„Und was sollen wir auf diesen Zettel schreiben?“ fragte Philipp weiter.
„Einen Satz, der euch den ganzen Tag über begleiten soll“, antwortete die Mutter.
„Peng!“ rief Florian. „Da weiß ich schon was. Ich schreibe drauf, ich will jeden Tag Pommes mit Ketchup zum Mittagessen, sonst nichts.“
„Einen solchen Unsinn sollst du aber nicht draufschreiben“, meinte die Mutter. „Laß dir etwas Besseres einfallen.“
Der Vater war inzwischen vom Tisch aufgestanden und hatte sich vor den Fernseher gesetzt. Die Mutter begann wieder: „Ihr könnt zum Beispiel draufschreiben: Alle mögen mich.“ Philipp war von diesem Vorschlag so begeistert, daß er wie in der Schule die Hand hochhob und rief: „Ich weiß schon, was ich schreibe: Heute geht es mir gut.“
„Richtig“, meinte die Mutter. „Wenn du dies öfter liest, dann wirst du den Tag über immer wieder einmal daran denken. Dieser kleine Satz wird dich dann begleiten wie ein guter Freund. Und was wirst du schreiben, Franziska?“
„Weiß nicht“, antwortete das Mädchen.
„Du könntest doch zum Beispiel schreiben: Ich freue mich, daß ich lebe“, schlug die Mutter vor.
„O ja“, rief Franziska. „Das ist ein schöner Satz.“
Die Mutter gab jedem Kind einen kleinen Zettel und sofort begannen sie begeistert zu schreiben. Florian hielt zuerst die Hand über das, was er geschrieben hatte, aber die Mutter spähte sehr geschickt über seinen Kopf hinweg und las: Gott hat mich lieb. Nicht schlecht, dachte sie. Das ist ja fast schon ein Gebet.
Dann rannten die Kinder in ihre Zimmer und hefteten die Zettel an ihre Betten.
Als Franziska am nächsten Morgen aufwachte und den Zettel las, mußte sie plötzlich lachen, weil sie dachte, jetzt muß ich mich aber echt freuen, sonst stimmt das ja gar nicht,

was ich auf den Zettel geschrieben habe. Sie las jetzt halblaut: Ich freue mich, daß ich lebe. Und sie freute sich tatsächlich, weil sie plötzlich spürte, wie gut es ihr ging. Das hatte sie bis jetzt noch nie bewußt wahrgenommen. Mit fröhlichem Gesicht ging sie die Stiege hinunter, setzte sich zu den Brüdern an den Frühstückstisch und mußte plötzlich furchtbar lachen.

Beruferaten

In der Schule redeten sie über verschiedene Berufe und auf dem Heimweg setzten die Kinder dieses Thema fort.
„Was ist eigentlich dein Vater?“ fragte Sabine.
„Abteilungsleiter“, antwortete Lukas.
„Und deine Mutter?“
„Sie arbeitet in einem Reisebüro.“
„Und *dein* Vater?“ fragte Sabine die Neue aus der Klasse. Minka, das Türkenmädchen, gab keine Antwort.
„Ich hab dich was gefragt“, rief Sabine und stupste Minka in die Seite.
„Mein Vater arbeitet im Schlachthof“, antwortete Minka.
„Igittigittigitt!“ riefen die Kinder. „Ihr Vater ist ein Schlächter!“
„Und deine Mama, sag schon, wo arbeitet deine Mama?“ fragte nun Lukas.
„Meine Mama ist Toilettenfrau“, antwortete Minka.
„Waaaaas?“ riefen die Kinder. „Toilettenfrau?“ Dann konnten sie vor Lachen kaum mehr gerade stehen. Sie deuteten mit den Fingern auf Minka und sagten: „Jetzt wissen wir wenigstens, warum du immer so stinkst. Pfui, Toilettenfrau. Äääāh!“ Dann lachten sie wieder und hielten sich die Nasen zu.
„Ich stinke nicht!“ rief Minka entsetzt. „Ihr seid gemein! Ihr seid alle so gemein!“
Am Wochenende machte Sabine mit ihren Eltern einen Ausflug. In einem Gasthaus kehrten sie ein. Bevor sie wieder zum Auto zurückgingen, suchten Sabine und ihre Mutter die Toilette auf. Aber sie prallten entsetzt wieder zurück, nachdem sie die Türe kurz geöffnet hatten. Wie sah

es dort aus! „Eine Frechheit!“ rief Sabines Mutter. Dann rannte sie ganz aufgeregt zur Wirtin und beklagte sich über die Zustände in der Toilette.
„Das tut mir leid“, antwortete die Wirtin. „Aber unsere Toilettenfrau ist heute noch nicht gekommen. Ich weiß nicht, wo sie so lange bleibt. Nachdem sie nicht angerufen hat, wird sie sicher noch kommen.“
Jetzt wurde Sabine nachdenklich. Toilettenfrau, dachte sie. Hatte sie nicht gestern erst furchtbar albern gelacht, als Minka sagte, ihre Mutter sei Toilettenfrau? Das war sicher kein schöner Beruf, aber immerhin ein sehr wichtiger. Sabine hatte dies nicht gewußt, und sie schämte sich, daß sie sich so blöd benommen hatte. Das werde ich wieder gutmachen, dachte sie. Ganz bestimmt, gleich morgen werde ich es gutmachen. Und noch abends im Bett überlegte sie, wie man so etwas am besten anstellt.

Der Dank des Bettlers

Stefan geht mit der Mutter in die Stadt. Kaum sind sie in der Fußgängerzone angekommen, sehen sie einen Bettler auf dem Bürgersteig sitzen.

„Gibst du dem etwas?“ fragt Stefan.

Die Mutter kramt in ihrer Manteltasche und wirft dem Mann ein Geldstück in den Hut, der neben ihm auf dem Pflaster liegt.

„Der hat sich nicht einmal bedankt“, sagt Stefan, „hast du das gemerkt? Der hätte doch danke schön sagen können.“

„Bleib jetzt ganz nahe bei mir, damit du im Gedränge nicht verlorengehst“, sagt die Mutter. „Das ist ja ganz fürchterlich heute. Gerade so, als ob man alles geschenkt bekäme.“

„Schau hin, dort sitzt schon wieder ein Bettler“, stellt Stefan fest. „Gibst du dem auch wieder Geld?“

„Jetzt kaufen wir erst ein“, meint die Mutter. „Und dann werden wir sehen, was uns an Geld bleibt.“

„Ich hab ja nur gemeint“, sagt Stefan.

Die Mutter hat viel eingekauft an diesem Nachmittag. Richtig erschöpft haben die beiden einen Kaffee getrunken und ein Stück Torte verzehrt, bevor sie wieder heimgefahren sind.

Vor der berühmten alten Kirche, in die sie jedesmal noch kurz hineingehen, wenn sie in der Stadt sind, sitzt auch heute wieder ein Bettler. Stefan deutet auf ihn und stupst die Mutter an. „Schau hin, gibst du dem was?“ fragt er auch dieses Mal.

„Ja, damit du endlich Ruhe gibst, schon deswegen“, antwortet die Mutter und entnimmt ihrer Geldbörse ein Fünfzigpfennigstück.

„Ich darf es ihm geben“, sagt Stefan. Als er das Geld in die Schachtel neben dem Mann wirft, nickt dieser freundlich mit dem Kopf und sagt: „Vergelt's Gott, vergelt's Gott, gute Frau.“ Dabei schaut er die Mutter an. Dann steht diese mit Stefan in der Kirche. Es ist ganz still in dem Raum. Auch etwas düster ist es dort. Nur das Ewige Licht brennt, und ein paar Kerzen am Seitenaltar mit dem Bild der Muttergottes sind angezündet. Eigentlich wollte die Mutter ein Gebet sprechen. Aber seltsam, es gelingt ihr nicht. Immer wieder hört sie den Bettler sagen: „Vergelt's Gott, vergelt's Gott.“ Und sie überlegt, wie wenig ihr Gott vergelten würde, ganze fünfzig Pfennige nur, am Bettler gemessen. O Gott! Und da hatten sie im Cafe vorhin so gut gelebt und keine Mark angeschaut. Wieder kramt sie in ihrer Handtasche und holt eine Mark heraus. Im Hinausgehen sagt sie zu Stefan: „Hier, schenk diese Mark noch dem Bettler.“

Stefan schaut die Mutter jetzt ganz überrascht an. Dann fragt er: „Aber du hast doch vorher schon was gegeben. Warum gibst du dem jetzt noch einmal was?“

„Frag nicht so viel“, sagt die Mutter. Und Stefan wirft die Mark in die Schachtel, die auf dem Boden steht.

Die Worte „Vergelt's Gott, vergelt's Gott“ aber hört die Mutter noch lange. Auch dann noch, als sie die Rolltreppe zur U-Bahn hinunterfährt.

Isabell hat schwere Sorgen

Isabell ist im Bad. Sie wäscht sich noch kurz die Hände und fährt sich mit dem Kamm durch die Haare. Vom Wohnzimmer im unteren Stockwerk hört sie laute Stimmen. Mein Gott, jetzt streiten sie schon wieder, denkt Isabell. Sie hält sich ein paar Augenblicke lang die Ohren zu. Aber dann hört sie, wie die Mama schreit: „Deswegen brauchst du die Türe nicht so zuschlagen!"
„Wenn du wüßtest, wie du mir auf die Nerven gehst mit deiner ewigen Nörgelei!" ruft der Vater zurück, und wieder fällt eine Türe krachend ins Schloß.
Isabell hat Angst. Und sie hat oft Angst, weil sich die Eltern häufig streiten. Jetzt schleicht sie die Treppe hinunter. Ganz leise. Sie will nicht auffallen. Sonst schreien sie mich auch noch an, wie schon so oft, denkt sie.
Die Mutter schneuzt sich. O Gott, sie weint, denkt Isabell. Dann aber fragt sie leise: „Gehen wir jetzt zur Kirche?"
„Ja, Isabell", antwortet die Mutter. „Zieh schon den Anorak an." Isabell zieht den Anorak an und fragt schüchtern: „Und der Papa? Geht er auch mit?"
„Weiß nicht", antwortet die Mutter. „Mußt ihn halt fragen."
Isabell geht ins Schlafzimmer. Papa sieht aus dem Fenster, er hat beide Hände in den Hosentaschen vergraben. Isabell stupst ihn in die Seite und fragt: „Kommst du mit in die Kirche?" Dabei lächelt sie ihn ganz freundlich an.
„Ja, mein Schatz", antwortet der Vater. Isabells Herz schlägt so laut, daß sie fürchtet, der Vater könnte es hören.
Dann gehen alle drei in Richtung Kirche. Die Eltern reden

kein Wort. Auch Isabell sagt nichts. Sie denkt nur immer wieder: Hoffentlich lassen sie sich nicht scheiden, so wie die Eltern von Jonas und Johanna oder von Leo und Benjamin. Deren Eltern haben nämlich auch so oft gestritten. O mein Gott, hoffentlich nicht!
In der Kirche sitzen sie nebeneinander, der Papa, die Mama und Isabell. Isabell bittet den lieben Gott ganz innig: „Bitte, hilf du ihnen, daß sie sich wieder besser verstehen und daß sie einander nicht mehr anschreien. Hilf, daß es bei uns daheim wieder friedlich zugeht."
Dann singen alle ein Lied. Es ist eine ganz einfache Weise. Isabell schaut verstohlen zu den Eltern hin. Sie will wissen, ob sie auch mitsingen. Aber da entdeckt sie etwas. Die Mama legt ganz langsam, ja, ganz behutsam ihre Hand auf Papas Hände. Und Papa zieht seine Hände nicht zurück. Die Mama läßt ihre Hand lange dort liegen. Dann sieht Isabell, daß die Mutter lächelt. Jetzt lächelt auch der Vater. Sie nicken sich zu. Sie haben es geschafft, denkt Isabell. Mein Gott, sie haben es wieder einmal geschafft. Dann aber singt sie vor Glück und Freude so laut, daß sich die Leute in der Reihe vor ihr plötzlich umdrehen.

Das Reserl und das Roserl

Die beiden Frauen waren früher meine Nachbarinnen. Sie waren schon sehr alt, und inzwischen sind sie schon gestorben. Aber sie haben mir einmal aus ihrer Kinderzeit erzählt, und ich will eine Begebenheit daraus weitererzählen.
Das Reserl und das Roserl waren Zwillinge. Ihre Eltern hatten siebzehn Kinder, und die beiden Mädchen waren die zuletzt geborenen. Die Familie war arm. Der Vater verdiente als Laternenanzünder nicht viel. Damals standen in den Straßen nicht viele Laternen. Es waren Gaslaternen, und der Laternenanzünder mußte diese jeden Abend anzünden und am Morgen wieder auslöschen. Er hatte eine lange Leiter dabei. Diese lehnte er an den Laternenpfahl, stieg hinauf, öffnete das Glasfensterchen der Laterne und zündete das Gas an. Dann machte er das Fensterchen wieder zu, stieg die Leiter hinunter und trug sie zur nächsten Laterne. Natürlich verdiente er für diese Arbeit nicht genug, um seine große Familie ernähren zu können. So kam es, daß es bei ihm zu Hause fast nur Suppen gab. Sogar das Brot mußte eingeteilt werden, und auch Kartoffeln konnte man sich nicht jeden Tag leisten.
Der Lehrerin von Reserl und Roserl fiel bald auf, daß die Zwillinge sehr blaß und schwach waren und auch nie ein Pausebrot dabei hatten. Sie kümmerte sich um die beiden Mädchen und hatte bald erreicht, daß sie in einem Waisenhaus zweimal in der Woche essen durften.
In dem großen Eßraum saßen schon sechzig Kinder, als den beiden an einem der langen Tische ihr Platz zugewiesen wurde. Das Essen begann mit einer Suppe. Eine Schwester teilte sie aus. Jedoch die Mädchen, die rechts und links von

Reserl und Roserl saßen, mochten ihre Suppe nicht essen. So warteten sie, bis die Zwillinge die Teller leergegessen hatten und schütteten ihnen dann schnell ihre Suppe in den Teller. Roserl und Reserl hatten nun auch diese auszulöffeln, denn die Mädchen drohten ihnen allerhand Strafen an, wenn sie dies nicht täten. Roserl und Reserl hatten Angst. Als dann die festen Speisen ausgeteilt wurden, schluckten die Zwillinge immer noch tapfer die Suppe hinunter. Die Schwester aber, die das Essen austeilte, schimpfte sie jeden Tag, weil sie mit der Suppe so lange brauchten. Sie nannte die Kinder heikel und undankbar. Reserl und Roserl aber wagten es nicht, der Schwester die Wahrheit zu erzählen, denn ihre beiden Nachbarinnen traten sie bereits hart mit ihren Stiefeln gegen die Schienbeine. Auch daheim wurde nie darüber geredet. Wer aber seine Suppe nicht rechtzeitig ausgegessen hatte, bekam auch keine festen Speisen. Und so kam es, daß Reserl und Roserl immer blaß und mager blieben und ihnen der Mittagstisch im Waisenhaus nach kurzer Zeit nicht mehr gewährt wurde.

Thomas, die Schnecke

Die Grünwalds haben zwei Söhne, den Christof und den Thomas. Christof, blond und blauäugig, ist im Aussehen mehr nach der Mutter geraten und Thomas, der Dunkle, gleicht dem Vater. Darüber freut sich der Vater natürlich. Vor allem dann, wenn die Leute manches Mal sagen: „So ein hübscher Junge, er sieht genau so aus wie sein Vater."

Eines aber gefällt dem Herrn Grünwald an Thomas gar nicht. Thomas ist recht langsam.

„Trink endlich deinen Kakao und iß ein paar Bissen", sagt die Mutter fast jeden Tag beim Frühstück. „Und jetzt beeil dich, der Christof hat schon die Stiefel an."

In der Schule sagt die Lehrerin öfter einmal: „Thomas, schläfst du?" Dann lachen die Kinder, und Thomas wird ganz rot im Gesicht. Verlegen schüttelt er den Kopf und sagt leise: „Nein." Und weil er so langsam ist, hat er den Spitznamen Schnecke.

Die Banknachbarin von Thomas ist die Melanie. Die beiden verstehen sich gut, und Melanie macht es gar nichts aus, daß Thomas etwas langsamer ist als die anderen Kinder. Sie nennt ihn auch nie Schnecke. Bei der Rechenprobe schielt sie schon einmal in sein Heft, denn Thomas weiß immer die richtige Lösung. Und wenn sie einmal ein Diktat schreiben müssen, macht er keinen Fehler. Ja, so ist der Thomas.

Neulich ging die Mutter mit ihm zum Arzt, weil sie dachte, vielleicht hat er kranke Mandeln, weil er oft so müde ist und gar nicht in den Hof zum Spielen rausgehen will, so wie sein Bruder. Aber der Arzt konnte keine Krankheit finden.

Er sagte: „Es ist halt jeder Mensch anders. Seien sie doch froh, Frau Grünwald, daß der Thomas so ein ruhiges Kind ist. Umtreiber gibt es schon genug auf der Welt."
Die Eltern waren beruhigt und rügten Thomas jetzt nicht mehr gar so oft wegen seiner Langsamkeit. Dann kam der Winter. Die Klasse durfte eine Woche ins Skilager fahren. Als die Kinder dies erfuhren, schrien sie vor Freude wild durcheinander und klatschten in die Hände. Sie konnten den Tag der Abfahrt kaum erwarten. Nur einer freute sich nicht: Thomas. „Ich will ja gar nicht skifahren lernen", sagte er zu seinen Eltern, und abends weinte er ins Kopfkissen. Die Eltern redeten ihm gut zu. Eine Woche sei ja schnell vorbei, und außerdem gäbe es da ganz bestimmt viel Spaß. Thomas ließ sich nicht trösten.
„Ich kümmere mich schon um den Thomas", sagte Melanie. Dann stiegen die Kinder in den Bus, die Mütter winkten und riefen noch ein paar gute Ratschläge nach.
Zwei Tage waren schon vergangen. Die Piste war wunderschön, die Sonne schien den ganzen Tag, der Skilehrer war nett, und die Kinder waren bester Laune. Sie fuhren gerade erst eine kurze Strecke, als Thomas plötzlich in den Schnee fiel.
„Hey", rief der hinter ihm, „Schnecke! Versperr doch nicht den ganzen Weg! Mensch, jetzt hätte ich dich bald zusammengefahren." Melanie, die etwas weiter hinten in der Reihe war, fuhr jetzt direkt zu Thomas hin. „Komm, steh auf, ich helf dir", sagte sie und streckte ihm die Hand entgegen. Thomas aber rührte sich nicht. Melanie schnallte ihre Skier ab und kniete sich neben den Jungen. Die anderen Kinder waren bereits weitergefahren. Sie rüttelte Thomas an der Schulter. „Thomas", sagte sie eindringlich, „steh jetzt bitte auf. Schau, die anderen sind schon ganz weit vorne. Wir verpassen sonst den Anschluß." Thomas rührte sich immer noch nicht. Jetzt bekam Melanie Angst. „Hallo", rief

sie den anderen nach. „Hallo! So wartet doch! Hallo!“ Ein paar Kinder schauten um. Sie blieben stehen. Nun kam der Skilehrer angesaust.
„Was ist denn hier los?“ fragte er. „Hast du dich verletzt?“ Dann schaute er in das inzwischen weiß gewordene Kindergesicht. „Mein Gott!“ rief er. „Wir brauchen einen Arzt.“ Der Arzt konnte nur noch den Tod feststellen. Zu spät hatte man gemerkt, daß Thomas ein Herzleiden hatte. Jetzt tat es ein paar Kindern in der Klasse sehr leid, daß sie ihn immer nur Schnecke genannt und sich über seine Langsamkeit oft lustig gemacht hatten. Melanie aber war froh, daß sie sich immer so nett um den Thomas gekümmert hatte.

Der Flohmarkt

Laura läutet an der Wohnungstüre von Julian und Johanna. „Die beiden sind oben“, sagt Frau Müller. „Geh nur hinauf.“ Laura rennt die Treppe hoch.
„Hey“, sagt Julian, als er sie entdeckt.
„Hallo“, ruft Laura und fragt: „Was macht ihr denn da?“
„Wir suchen Sachen zusammen, die wir morgen auf dem Flohmarkt verkaufen“, antwortet Johanna. „Schau, dort auf dem Tisch liegt schon alles.“
Laura geht zum Tisch und schaut die Dinge an. Da liegen kleine Blechautos, Tiere aus Hartgummi und aus Plastik, ein paar nicht mehr ganz saubere Bilderbücher, ein Armreif von Johanna und ein Würfelspiel.
„Gehst du auch zum Flohmarkt?“ fragt Julian.
„Ich schau erst zu Hause nach, was ich alles anbieten kann. Und die Mama muß ich erst fragen, ob sie es erlaubt.“ Die Mama erlaubt es. „Du hast sowieso viel zu viel Spielsachen“, meint sie. „Leg einmal alles zur Seite, wovon du glaubst, daß du es nicht mehr brauchst.“
Laura bringt nicht allzuviele Sachen zusammen, denn plötzlich merkt sie, daß sie fast alles selber noch haben will. Und manche Dinge, die sie längst nicht mehr angesehen hatte, gewinnen mit einem Mal an Wert. Wie sie so in ihrem Zimmer steht und um sich sieht, entdeckt sie das kleine Metallbild an der Wand. Es hat die Aufschrift „Ich bin der gute Hirt“. Jesus ist dort als Hirte abgebildet, mit ein paar Schafen. Laura kniet sich auf das Bett und nimmt das kleine Bild von der Wand. Ach, denkt sie, das verkaufe ich auch auf dem Flohmarkt. Das brauche ich doch nicht mehr. Die Erstkommunion ist ja schon vor einem Jahr gewesen. Und

der Pfarrer, der es uns Kindern geschenkt hat, weiß es ja nicht. Dann wirft sie das Bild zu den abgeschabten Plüschtieren und den zerlesenen Kinderzeitschriften auf einen Stuhl. Am nächsten Morgen sitzt sie neben Julian und Johanna auf einer Wolldecke am Marktplatz. Vor sich auf dem Boden haben die Kinder ihre Waren ausgebreitet. Das Geschäft geht aber nicht gut. Schließlich rufen sie: „Jedes Stück zwei Mark! Greifen Sie zu. Hier gibt es alles billig! Jedes Stück kostet nur zwei Mark!"
Laura hat nur einen kleinen Affen aus Plüsch verkauft. Wie sie ihre Habseligkeiten wieder nach Hause trägt, ist sie schon recht müde. Mißgestimmt wirft sie die nicht verkaufte Ware ins Regal zurück. Jetzt liegt nur noch das kleine Metallbild in ihrem Korb. Laura nimmt es heraus, steigt damit auf ihr Bett und hängt es an die Wand. Ohne es eigentlich zu wollen, liest sie die Schrift: Ich bin der gute Hirt. Da muß sie daran denken, wie ihr der Pfarrer am Tag ihrer ersten heiligen Kommunion dieses Andenken in die Hand gegeben hat. Und plötzlich ist sie sehr froh, daß es ihr niemand abgekauft hat. Aber jetzt schämt sie sich ein bißchen.

Opa spielt Lotto

„Du solltest für mich noch ganz schnell den Lottoschein aufgeben, bevor der Laden schließt, es ist gleich sechs Uhr“, sagte der Großvater zu Frank und legte den Schein und das Geld dazu auf den Tisch. Frank rannte schnell in das Geschäft und kam ziemlich atemlos zurück.

„Hier, Opa, verleg ihn aber nicht wieder, wie letztes Mal, sonst kannst du kein Millionär werden“, sagte Frank und reichte dem Großvater die Durchschrift des Lottoscheines. „Fünf Millionen gibt es das nächste Mal, hab ich soeben am Kiosk gelesen.“ Frank fuchtelte mit erhobener Hand und ausgestreckten Fingern vor Opas Gesicht herum.

„Ja, ja, fünf Millionen“, meinte der Großvater. „Ach Frank, was täte ich denn gleich mit fünf Millionen?“

„Du könntest dir alle Wünsche erfüllen. Und mir natürlich auch und der Oma und dem Papa und der Mama und ...“ Frank machte eine kurze Atempause und sagte dann: „Und dann wärst du restlos glücklich. Stimmt's?“

Der Opa lächelte zuerst einmal und meinte schließlich: „Weißt du Frank, ich bin ja schon glücklich.“

„Aber warum spielst du dann Lotto? Das versteh ich jetzt nicht. Du spielst doch wegen des Geldes. Oder?“

„Ja, natürlich. Schon,“ antwortete der Großvater. „Aber ich spiele nicht, um Millionen zu gewinnen. Mit ein paar Tausendern wäre ich schon zufrieden. So als kleinen Zuschuß zur Rente, daß ich vielleicht einmal eine größere Reise machen könnte oder ähnliches. Aber Millionen, nein, Millionen möchte ich gar nicht gewinnen.“

„Ich schon!“ rief Frank. „Ich wüßte gleich, was ich mit

fünf Millionen anfangen würde. Opa, mit fünf Millionen wärst du ein reicher Mann!"
Wieder lächelte der Großvater. Dann sagte er: „Ich bin ja schon reich. Reicher vielleicht als mancher Millionär."
„Ha, ha", spottete Frank. „Als ob es einen armen Millionär gäbe. Opaaaa!"
„Doch", entgegnete der Opa. „Ich kenne einen, der hat viele Millionen auf der Bank, hat eine Prunkvilla und noch sechsundzwanzig Mietshäuser. Und genau der ist der unglücklichste Mensch, den ich je gesehen habe."
„Aber warum ist er denn unglücklich?"
„Weil er sich über nichts freuen kann. Der sieht nur sein Geld. Er macht zum Beispiel keine Reisen, weil ihm das Geld leid tut, das so eine Reise kostet. Er ißt im Gasthaus nur das Billigste, er erlaubt sich und seiner Frau seit vielen Jahren keinen Urlaub, damit das Geld, das er auf der Bank hat, nicht weniger wird."
„Ja, was macht er dann den ganzen Tag?" will Frank jetzt noch wissen.
„Er fühlt sich am wohlsten, wenn er in seiner früheren Werkstatt alte Schrauben sortieren kann. Die braucht er zwar niemals mehr, aber er denkt, sie dürfen trotzdem nicht verlorengehen oder verrotten."
„So ein Blödmann!" rief Frank, „hat Millionen und versteht nicht zu leben."
„Ja, Frank", meinte der Großvater. „Ich hab keine Millionen, aber ich freue mich jeden Tag über irgend etwas."
„Und worüber freust du dich zum Beispiel?" wollte Frank noch wissen.
„Am Morgen, wenn ich aufwache, freue ich mich, daß ich gesund bin. Dann freue ich mich über ein gutes Frühstück, ich freue mich, daß es auch der Oma gut geht, und so verteilt sich das auf den ganzen Tag. Ich freue mich über die Sonne, aber auch über den Regen, alles zu seiner Zeit. Ich freue

mich, wenn die Wolken am Himmel ziehen und wenn ich mit Leuten reden kann. O Frank, da könnte ich dir stundenlang Beispiele aufzählen."

„Und du bist echt glücklich?" fragte Frank und sah den Großvater etwas zweifelnd an.

„Ja Frank, echt glücklich, rundherum glücklich."

„Vielleicht will ich dann auch einmal gar kein Millionär werden", meinte Frank. Dann deutete er zum Himmel und sagte: „Sieh mal Opa, wie diese Wolke leuchtet, sie ist ja ganz rot und der Himmel ganz orangefarben. Toll, was?"

„Das ist ein herrliches Abendrot, ein Zeichen, daß wir morgen auch wieder schönes Wetter haben. Ich freue mich schon darauf", sagte der Opa.

Laufmaschen

„Also, dann macht euch ein bißchen fein heute nachmittag", sagte die Lehrerin. „Ein Theaterbesuch ist nämlich schon etwas Besonderes. Man geht ja schließlich nicht jeden Tag in ein Puppentheater."
Die Kinder freuten sich, und die Mädchen berieten bereits auf dem Nachhauseweg, was sie anziehen würden.
„Ich zieh ein Kleid an, keine Jeans", sagte Monika.
„Und ich zieh meine Pumps an und eine Strumpfhose, wie sie meine Mama hat", sagte Sophie. Die anderen Mädchen lachten und sagten: „Du und Pumps! Das möchten wir sehen. Da fällst du ja über die eigenen Füße." Und Nina meinte:
„Du mit deinen Storchenbeinen! Dafür gibt es ja gar keine Damenstrumpfhose!" Sophie ärgerte sich und ging einen anderen Weg.
Als sich die Kinder am Nachmittag in der Schule trafen, staunten die Mädchen. Da hatte die Sophie doch tatsächlich weiße Pumps an, mit einer kleinen goldenen Schleife oben drauf und dazu echte Perlonstrümpfe.
„Das hätte ich nicht gedacht", sagte Nina zu einem anderen Mädchen. „Ich hatte geglaubt, daß Sophie bloß wieder einmal richtig angibt." Dann begaben sie sich mit der Lehrerin ins Theater. Sie gingen in einer langen Reihe, immer zwei Kinder nebeneinander. Und so kam es, daß Nina und Monika hinter Sophie hergingen. Plötzlich entdeckte Nina, daß Sophies Strumpfhose ein paar breite Laufmaschen hatte. Sie kamen aus dem Schuh heraus und reichten fast bis zur Kniekehle hoch. Und schon wollte Nina die Sophie auf die Schulter klopfen und sie darauf aufmerksam machen.

Gerade recht, dachte Nina, weil sie immer so angibt. Der wird jetzt gleich die ganze Freude am Theater vergehen, dieser protzigen Gans.
Sie hatte schon die Hand ausgestreckt, doch plötzlich kam ihr ein anderer Gedanke. Wenn sie Sophie auf die Laufmaschen aufmerksam machte, dann hätte sie ihr ganz sicher die Freude am Theater verdorben. Und nicht nur das, auch die Freude über die schöne Strumpfhose hätte sie ihr genommen. Warum aber sollte sie so häßlich zu ihr sein? dachte sie. Nur, weil sie oft so eingebildet ist? Nein, deswegen darf ich ihr jetzt doch nicht ihr kleines Glück verderben. So zog Nina die Hand zurück und hoffte, daß Monika, die neben ihr ging, die Laufmaschen erst gar nicht entdeckte. Man konnte ja nie wissen.

Jürgen macht eine neue Erfahrung

Heute wurden in der dritten Klasse die Plätze getauscht. So kam es, daß Martina neben dem ärmsten Kind aus der Klasse zu sitzen kam. Martina war darüber wenig erfreut. Trotzdem empfand sie es als häßlich, daß Oliver, ihr Vordermann, sich plötzlich umdrehte und sagte: „Ätsch, du sitzt neben der Natalie." Die anderen Kindern aus der Klasse schätzten Natalie auch nicht gerade. Sie hatte hellrotes Haar, ihr fast weißes Gesicht war über und über mit Sommersprossen bedeckt. Natürlich konnte sie nichts dafür, daß sie so aussah. Wenn man jedoch schon nicht gerade hübsch ist, sollte man wenigstens sauber sein. Oder versuchen, das Beste aus sich zu machen. Es gibt heute so viele Möglichkeiten. Natalie aber nahm es gerade mit der Sauberkeit gar nicht genau. Ihr Hals war ungewaschen, ihr Gesicht oft verschmiert, und ihre Fingernägel!

Martina rückte bis ans Ende der Bank. Natalie rückte natürlich nach. Sie war froh, daß sie sich endlich richtig ausbreiten konnte. Und sie war auch froh, daß sie neben der klugen Martina sitzen durfte.

Martina freute sich jeden Tag, wenn die Schule aus war, daß Natalie nicht in ihrer Gegend wohnte. Eines Tages aber ging Natalie mit ihr denselben Weg. „Wohin gehst du heute?" fragte Martina.

„Ach", antwortete Natalie. „Ich weiß es selber nicht. Vielleicht gehe ich mit dir."

Martina wurde es abwechselnd heiß und kalt. Sie geht mit mir, dachte sie. Ausgerechnet mit mir. Dann aber fragte sie: „Du wohnst doch in einer ganz anderen Gegend als ich. Mußt du denn nicht zum Essen heim?"

„Nein", antwortete Natalie. „Meine Mutter arbeitet jetzt den ganzen Tag. Da brauche ich vor vier Uhr nicht heimzukommen. Und da gehe ich eben spazieren."
Martina sagte gar nichts. Sie dachte nur daran, wie es wäre, wenn ihre Mutter mittags nicht nach Hause käme. Und sie spürte plötzlich einen großen Hunger. Sie freute sich auch jeden Tag auf ein ausgiebiges Mittagessen. Natalie wird schon ein Brot in der Tasche haben, dachte sie. Aber was war schon ein Brot im Vergleich zu einem Braten mit Salat und Kartoffeln, oder einem feinen Apfelstrudel mit Vanillesoße. Dann faßte sie einen Plan. Sie hatte ihn noch gar nicht zu Ende gedacht, als sie zu Natalie sagte: „Willst du mit mir nach Hause gehen?" Natalie war über diese Frage gar nicht überrascht. Sie nickte mit dem Kopf und sagte: „Ja."
„Ich muß aber erst meine Mutter fragen, ob es ihr recht ist", sagte Martina. Natalie sah auf ihre Fußspitzen. Sie zählte ihre Zehen erst von links nach rechts und dann von rechts nach links. Es waren wie immer zehn, an jedem Fuß fünf, das würde sich auch nie ändern.
Die Mädchen stiegen die Treppen zu Martinas Wohnung hinauf. „Das ist Natalie, meine Banknachbarin", stellte Martina ihr Mitbringsel der Mutter vor. „Darf sie ein wenig hierbleiben?"
„Ja", antwortete die Mutter, „aber wir essen in zehn Minuten." Die Kinder warfen ihre Mappen in den Flur. Martina ging ins Bad und wusch sich die Hände. Natalie sah ihr zu.
„Komm, wasch dir auch die Hände", sagte Martina. Natalie begann zu waschen.
„Wenn du dir nun auch noch das Gesicht wäschst, läßt dich meine Mama vielleicht mitessen", meinte Martina. Natalie wusch sich das Gesicht, dann rief die Mutter zum Essen. Als sie beteten, faltete auch Natalie die Hände. Anschließend sagte sie: „Wir daheim beten vor dem Essen nicht."
Martina mußte einen Teller und Besteck aus der Küche

holen. Natalie durfte mitessen. Jürgen, Martinas großer Bruder, paßte dies gar nicht. Er sprach kein Wort und schaute ab und zu verlegen zur Decke hoch. Als Natalie nach dem Essen fortging, sagte er: „Diese rothaarige Hexe brauchst du nicht mehr mitzubringen."

Am nächsten Tag ging Natalie ganz selbstverständlich wieder mit Martina nach Hause. Und am dritten Tag auch. Die Eltern sagten nichts, und Jürgen ärgerte sich. Er sagte wieder kein Wort. Am Morgen des vierten Tages, kurz bevor Martina zur Schule ging, sagte die Mutter: „Du, Martina, wie stellst du dir das eigentlich vor? Willst du Natalie jeden Tag mitbringen?"

„Aber sie bekommt doch daheim kein Mittagessen, und sie tut mir leid. Wirklich Mama, sie tut mir leid."

„Schau, Martina, heute zum Beispiel gibt es Schnitzel. Jeder von uns bekommt ein Stück. Du kannst doch nicht verlangen, daß ich für Natalie auch noch eines kaufe. Schnitzel sind sehr teuer, verstehst du?"

„Ach, Mama", meinte Martina, „dann esse ich eben nur ein halbes Schnitzel und die andere Hälfte gebe ich der Natalie. Ich esse dafür mehr Kartoffeln."

„Gut", sagte die Mutter. „Aber trotzdem möchte ich sie nicht jeden Tag bei uns haben. Ich schlage vor, sie darf jede Woche zweimal zu uns zum Essen kommen. Für die restlichen Tage wird sich schon jemand anderer finden, der sie aufnimmt. Vielleicht Michaela, das ist doch ein recht nettes Mädchen. Rede doch einmal mit ihr. Sag, sie soll ihre Mutter fragen."

Jürgen war wütend. Er nannte Natalie eine rote Hexe, eine Giftkröte und eine schielende Herbstkatze.

Eines Tages aber, als die Kinder aus der Schule kamen, hing ein Zettel an der Türe, auf dem stand: Komme bis 17 Uhr zurück.

So etwas war noch nie geschehen. Die Mutter war nicht da.

Wo wird sie denn sein? Jürgen und Martina hatten keinen Hausschlüssel. Aber einen Hunger hatten sie! Jürgen kam sich vor wie ein ausgehungerter Wolf. Die Kinder rieten hin und her, sie konnten sich nicht denken, wo die Mutter war. Eine Zeitlang saßen sie auf der Treppe im Hausgang, dann gingen sie in den Hof.

„Ausgerechnet heute habe ich gar kein Geld bei mir", meinte Jürgen.

„Ich auch nicht", antwortete Martina.

Unruhig strichen die beiden in der Gegend herum. Aber Punkt fünf Uhr standen sie vor der Wohnungstüre. Und schon kam die Mutter. Sie war am Vormittag zu einer plötzlich schwer erkrankten Tante gerufen worden, die im Nachbarort wohnte. Als ihr Jürgen dann erzählte, wie sehr verlassen er und Martina sich vorgekommen seien und wie sie beinahe glaubten verhungern zu müssen, sagte sie nur: „Schau, so ginge es der Natalie jeden Tag, wenn sie uns nicht hätte."

Jürgen schämte sich. Das hätte sie jetzt auch nicht sagen müssen, dachte er und ging aus dem Zimmer. Er legte sich auf sein Bett. Wütend starrte er zur Decke. Er war innerlich sehr unruhig. Dann schaltete er das Radio ein. Aber er konnte jetzt auch keine Musik hören. So schaltete er das Gerät wieder aus. Und plötzlich fühlte er sich schwach und elend, weil er merkte, wie kleinlich und neidisch er gegen Natalie gewesen ist. Er, ausgerechnet er, der doch jeden Tag satt wurde. Von diesem Tag an änderte Jürgen seine Meinung über Natalie. Aber er ließ es sich nicht sofort anmerken.

Das Geheimnis der kleinen Anna

„Fertig“, sagte die Mutter und gab Anna einen leichten Klaps auf den Rücken. „Zieh dich um, das Kleid hänge ich dann in den Schrank. Heute brauchst du es sowieso nicht mehr.“
Die Mutter hatte für Anna dieses wunderschöne Sommerkleid mit dem großen weißen Spitzenkragen genäht. Es war das Kleid, das Anna zu Großmutters sechzigstem Geburtstag anziehen sollte. Da konnte man ja nicht in Jeans erscheinen. Anna freute sich sehr über dieses Kleid, und sie hätte es am liebsten gleich anbehalten.
„Zieh dich jetzt bitte um“, sagte die Mutter noch einmal. „Und dann gehst du rasch einmal zu Onkel Max rüber und fragst, ob er und Tante Gudrun heute abend mit zum Grillen an die Isar fahren. Sag auch, daß wir uns freuen würden, wenn sie mitkämen.“
Ehe die Mutter es bemerkte, war Anna in dem schönen neuen Kleid zur Türe hinaus.
Onkel Max war eigentlich gar nicht ihr richtiger Onkel. Und Tante Gudrun war auch keine richtige Tante. Weil sich aber Annas Eltern so gut mit diesen Nachbarn verstanden, durfte sie Onkel und Tante zu ihnen sagen.
Anna lief gleich durch den Garten in deren Wohnzimmer. Onkel Max saß gerade vor dem Fernseher, als sie eintrat. „Ja, wer kommt denn da?“ rief er, als er Anna sah. „Komm rein, meine kleine Freundin!“ Dann pfiff er durch die Zähne, stand auf und sagte: „Du siehst ja ganz toll aus heute. Eine richtige kleine Primaballerina.“
„Eine was?“ fragte Anna.
„Eine Primaballerina“, wiederholte Onkel Max. „Das ist die erste und beste Tänzerin in einem Ballett.“

Anna gefiel das und sie drehte sich in dem schönen Kleid tänzerisch ein bißchen hin und her. Sie war glücklich, daß das Kleid auch dem Onkel gefiel.

Jetzt breitete Onkel Max die Arme aus und rief: „Komm, mein kleiner Schatz!“ Anna flog gerade auf ihn zu. Onkel Max fing sie auf, dann ließ er sich in den Fernsehsessel fallen. Anna stand lachend vor ihm.

„Kommt ihr nun mit heute abend?“ fragte sie.

Onkel Max schien die Frage nicht zu hören. Mit beiden Händen hob er Annas Rock hoch, hielt ihn vors Gesicht und rief: Kuckuck!“

„Nicht doch!“ sagte Anna und streifte den Rock nach unten.

„Und was hat denn mein kleines Fräulein alles da drunter?“ fragte Onkel Max und hob erneut Annas Rock hoch.

„Was werde ich schon drunter haben? Einen Schlüpfer natürlich“, sagte Anna unfreundlich.

„Jetzt möchte ich aber noch wissen, was die kleine Anna unter dem Schlüpfer hat“, begann Onkel Max erneut und streifte mit schnellen Fingern Annas Schlüpfer bis zu den Knien hinunter.

„Das darfst du nicht!“ rief Anna entsetzt. Sie wollte weglaufen, aber der Onkel war schneller. Er hielt sie am Arm zurück und sagte: „Schau Anna, ich hab dich doch lieb. Das weißt du doch. Ich tu dir doch nichts Böses. Ich wollte nur ein bißchen Spaß machen. Verstehst du?“

Plötzlich hatte Anna große Angst vor ihm. Spaß nannte er das. Für sie war das kein Spaß. Anna zitterte.

Jetzt ging Onkel Max zum Schrank, öffnete eine Schublade und nahm eine Tafel Nußschokolade heraus. „Hier Anna, laß sie dir schmecken. Und das andere, das vergessen wir einfach. Wir machen ein kleines Geheimnis daraus. Du erzählst niemandem davon und ich natürlich auch nicht. Einverstanden? Das ist dann unser Geheimnis.“

Anna nickte, drückte die Schokolade an die Brust und lief nach Hause. Sie fühlte sich gar nicht wohl, zog das Kleid aus und warf es auf den Tisch im Wohnzimmer. Die Schokolade verstaute sie in ihrem Schreibpult, ganz hinten. In den nächsten Tagen war Anna recht schweigsam. Das, was Onkel Max getan hatte, gefiel ihr gar nicht. Und wenn er nicht gesagt hätte, daß dies jetzt ihr Geheimnis wäre, hätte sie es ihrer Freundin erzählt. Der Mutter hätte sie es sicher nicht gesagt. Die Mutter hätte mir dies ja nicht geglaubt, die hält ja immer zu den Großen, dachte Anna. Das Geheimnis lastete schwer auf Annas Seele, und es drängte sie, mit jemandem darüber zu reden. Aber durfte sie das? Geheimnisse darf man doch nicht verraten, dachte sie.
Dem Onkel Max ging sie aus dem Weg. Aber der Gedanke an ihn quälte sie Tag und Nacht. Sie schlief schlecht und hatte am Morgen dunkle Ringe unter den Augen. Die Mutter glaubte schon, Anna sei krank.
„Wie du bloß aussiehst in letzter Zeit!“ sagte sie. „Morgen gehe ich mit dir zum Arzt.“
„Nein, Mama, ich bin nicht krank. Ganz bestimmt nicht!“ rief Anna. „Es ist nur ... es ist bloß ... weil ...“
„So sag doch endlich, was los ist“, drängte die Mutter.
„Ach, Mama!“ Anna begann zu weinen. Sie hängte sich mit beiden Armen an den Hals der Mutter und erzählte ihr alles.
Die Mutter war sehr überrascht, was sie da erfahren mußte. Dann aber streichelte sie Anna über die Haare und sagte: „Gott sei Dank, daß du mir dies alles erzählt hast. Weißt du, es gibt nämlich auch Geheimnisse, die eigentlich gar keine Geheimnisse sind. Die haben den Namen Geheimnis gar nicht verdient. Und die darf man selbstverständlich weitererzählen. Man muß sie oft sogar anderen sagen. Du hast ganz recht getan ...“

Auf dem Nachhauseweg

Benjamin machte mit seiner Mutter Urlaub auf dem Bauernhof. Der Ort, in dem sie wohnten, zählt nur zehn Häuser, und die Kirche ist etwa eine Viertelstunde davon entfernt. Soeben war der Abendgottesdienst beendet. Die beiden gingen durch den kleinen Friedhof, der direkt um die Kirche herum angelegt ist, als eine Bäuerin aus der Nachbarschaft sagte: „Sie können mit mir heimfahren." Benjamins Mutter lächelte und meinte: „Nein, danke. Der Abend ist so wunderschön. Wir gehen lieber zu Fuß." Sie waren noch nicht weit gegangen, als ein Auto neben ihnen hielt. Ein Mann, der auch in dem kleinen Ort wohnte, kurbelte das Fenster auf und fragte: „Wollen Sie mitfahren?"

„Nein, danke", sagte die Mutter auch diesmal und lächelte freundlich. „Das Wetter ist so schön, wir wollen die gute Abendluft genießen."

„Mensch, Mama", sagte Benjamin, „jetzt könnten wir ganz gemütlich heimfahren und du lehnst ab. Du denkst wohl, daß es mir Spaß macht, den Berg hinaufzugehen. Wo ich doch heute schon so müde bin."

„Du hast schon recht", meinte die Mutter. „Ich denke schon, daß es dir Spaß machen wird."

„Sehr witzig", sagte Benjamin jetzt schlecht gelaunt.

Die beiden gingen eine Zeitlang schweigend nebeneinander, dann bogen sie in einen Feldweg ein. Plötzlich rief Benjamin: „Eine Maus!" Dann hockte er sich vor das Mauseloch und schaute dem Tierchen nach. „Da hinein ist sie verschwunden. Hast du sie gesehen, Mama?"

„Leider nein", antwortete die Mutter. „Aber komm jetzt, schau einmal über das Feld, wie sich die Ähren im Wind

wiegen. Das sieht doch aus, als ob das ganze Feld schwanken würde."
Benjamin stand auf. „Spürst du den zarten Wind?" fragte die Mutter. „Spürst du, wie er dich streichelt?"
„Ja", antwortete Benjamin. „Wenn er stärker wäre, dann würde er uns den Berg hinaufschieben. Das wäre gut."
„Jetzt mach schon", sagte die Mutter und nahm den Jungen bei der Hand. „Sieh dir einmal dieses herrliche Abendrot an. Als ob der ganze Himmel in Flammen stünde."
„Toll!" rief Benjamin. „So etwas haben wir daheim noch nie gesehen."
„Weil wir so mitten drinnen wohnen, zwischen den vielen Häusern", meinte die Mutter. Dann blieb sie stehen und rief: „O Gott, wie ist die Welt doch schön!"
Als sie zu den ersten Häusern kamen, standen alle Autos der Leute, die im Abendgottesdienst waren und in dem kleinen Ort wohnten, bereits wieder in ihren Garagen. „Siehst du", sagte die Mutter zu Benjamin, „die Leute, die im Auto heimgefahren sind, haben die Maus nicht gesehen, den warmen Wind nicht gespürt und vielleicht nicht einmal dieses herrliche Abendrot wahrgenommen. Ist doch schade. Oder was meinst du?"

Ein seltsames Weihnachtsgeschenk

„So, Kinder“, sagte der Vater eines Tages, „schreibt jetzt endliche eure Weihnachtswünsche auf, damit ich sie dem Christkind weiterleiten kann.“

„Sollen wir gleich, jetzt sofort?“ fragte Lea. „Ich weiß schon vieles.“ Eifrig kramte sie in ihrer Mappe nach einem Zettel und einem Kugelschreiber.

Michael bewegte sich nicht. „Na Michl“, sagte der Vater. „Du hast wohl keine Wünsche? Das wäre ja einmal ganz was Neues.“

„Ich krieg ja doch nicht, was ich will. Das hast du mir ja schon einmal höchst persönlich mitgeteilt“, schmollte der Junge.

„Du meinst den Panzer, den wir neulich im Spielwarengeschäft gesehen haben“, sagte der Vater.

„Ja den. Genau den will ich haben. Sonst nichts.“

„Wie oft soll ich dir noch sagen, daß ich kein Kriegsspielzeug im Haus dulde. Ein Panzer kommt überhaupt nicht in Frage! Mit Panzern schießt man Menschen tot. Versteh doch endlich!“

„Aber nicht mit Spielzeugpanzern“, sagte Michael und war beleidigt.

„Jetzt bitte kein Wort mehr! Über dieses Thema haben wir uns schon oft genug unterhalten. Du weißt Bescheid.“ Der Vater war jetzt sehr ärgerlich. Er ging aus dem Zimmer. Michael dachte nach. Ich werde diesen Panzer schon bekommen, überlegte er. Und da fiel ihm etwas ein. Seine Oma. Ja, die Oma mußte herhalten. Die Oma war nämlich eine sehr freigebige Frau. Wenn man der etwas schenkte, bekam man es bestimmt zur Hälfte wieder zurück. Schoko-

lade zum Beispiel oder Kaugummi. Michael begann zu sparen. Er kaufte sich keine Comic-Heftchen mehr, ging nicht mehr ins Kinderkino, und auch das Hallenbad besuchte er nicht mehr regelmäßig. Es dauerte gar nicht lange, da hatte er das Geld für den Panzer beisammen. Stolz ging er in das Spielwarengeschäft und kaufte das lang ersehnte Stück. Er ließ es schön einpacken, steckte daheim noch ein Tannenzweiglein obendrauf und überreichte das Paket seiner Großmutter bei der Bescherung am Heiligen Abend. Dabei klopfte sein Herz in freudiger Erwartung schneller als sonst. Den Panzer kann sie sicher nicht brauchen, dachte er. Den bekomme ich ganz bestimmt wieder zurück. Da wird der Papa aber schauen! Die ganze Familie stand erwartungsvoll herum, als die Oma das Päckchen öffnete. Was da wohl drinnen ist, dachten sie. Endlich war das in feines Seidenpapier gewickelte Geschenk ausgepackt. Im Zimmer war es still geworden. Alle sahen wie auf ein Kommando den Michael an. Dann rief die Oma sehr laut: „Ein Panzer! Ja was soll ich denn mit einem Panzer anfangen? Ich will doch niemanden umbringen. Ich bin doch keine Mörderin!“
Michael war jetzt ganz nahe zur Oma herangeschlichen. „Du kannst ihn ja herschenken, wenn er dir nicht gefällt“, sagte er und war voller Hoffnung, daß die Oma sagen würde: „Da Michl, den schenk ich dir wieder. Den kann ich nun wirklich nicht brauchen.“
Aber nichts dergleichen geschah. In aller Ruhe legte sie den Panzer in die Schachtel zurück und wendete sich den anderen Geschenken zu. Es vergingen Tage, es vergingen Wochen. Michael hat von dem Panzer nichts mehr gehört und nichts mehr gesehen.

Wie Felix und Tanja Freunde wurden

Felix war klein. Kleiner als die Kinder aus seiner Klasse. Er war zart, zarter als seine Mitschüler. Er hatte kranke Augen und trug eine Brille mit dicken Gläsern. Und die Kinder aus der Nachbarschaft mochten ihn nicht.

„Spielverderber", riefen sie, wenn er beim Völkerballspiel daneben warf oder beim Versteckspiel zu früh über die Hausecke schielte.

Felix war oft traurig. Trauriger als die meisten Kinder in seinem Alter. Kürzlich verlangten sie eine Mutprobe von ihm, bevor sie ihn mitspielen ließen. Er sollte auf eine hohe Mauer klettern, die Arme ausbreiten und hinunterspringen. Es hatte ihn schon viel Angst und Mühe gekostet, bis er endlich oben stand. Max und Leo haben ihn ziemlich unsanft hinaufgeschoben und gestoßen. Nun stand er da, schaute hinunter, breitete die Arme aus, ließ sie wieder sinken, schüttelte den Kopf und sagte: „Nein, ich springe nicht."

Da riefen die anderen Kinder im Chor: „Angsthase, Pfeffernase, morgen kommt der Osterhase!"

Dem Felix kamen die Tränen. „Jetzt heult er auch noch, der kleine Hampelmann da oben", rief Leo und kam sich dabei ganz großartig vor. Die anderen lachten.

„Wir holen dich nicht runter", schrie Max mit heiserer Stimme und streckte Felix die Zunge hin.

Felix versuchte sich zu setzen. Er hatte furchtbare Angst zu fallen. Am liebsten hätte er nach seiner Mutter gerufen, hat es dann aber doch nicht getan.

„Bleib nur oben, bis dich die Sonne ausgedörrt hat, du Feigling, du!" rief Leo. „Kommt, wir gehn!"

Dann schlenderten die Kinder langsam, einer nach dem andern, lässig in Richtung Sportplatz. Auch Tanja war eines dieser Kinder. Und ihr tat Felix plötzlich leid. „Was hat er euch denn getan, daß ihr immer so häßlich zu ihm seid?" fragte sie die Jungen. Jetzt blieben alle stehen.
„Du hältst wohl zu dem Trottel, was?" fuhr Leo sie an.
„Unsinn", antwortete Tanja. „Ich halte zu niemandem. Nicht zu euch und nicht zu Felix. Aber ich finde es nicht fair, wie ihr mit ihm umgeht. Und das nur, weil er kleiner ist als ihr, weil er schwächer ist als ihr und weil er diese dicke Brille tragen muß."
„Ha-ha-ha", spottete Leo jetzt. Mehr wußte er nicht zu sagen. Dann steckte er zwei Finger in den Mund, tat einen schrillen Pfiff und sagte: „Wir rennen um die Wette, wer zuerst dort vorne bei der Ampel ist." Die Kinder rannten los. Nur Tanja blieb stehen. Sie überlegte, pflückte einen blühenden Grashalm ab und blies den Samen davon in die Luft. Dann ging sie den Weg zur Mauer zurück. Dort saß nun der kleine Felix und weinte. Tanja war sehr verlegen. Was sollte sie bloß sagen? Plötzlich kam ihr ein guter Gedanke. Dort drüben an der Baustelle liegen Ziegelsteine, dachte sie. Und schon rannte sie los. Keuchend und schwitzend schleppte sie ein paar Steine herbei. Sie baute eine kleine Mauer vor die große Mauer, auf der Felix saß. „Felix", sagte sie dann, „bleib noch ein wenig sitzen, ich will noch eine ganze Menge Steine holen. Dann kannst du leicht heruntersteigen. Ich helfe dir."
Jetzt erst schaute Felix hoch. Er schniefte, nahm die Brille ab und putzte die Gläser mit einem Taschentuch. Und es war gar nicht so einfach, im Sitzen auf dieser schmalen Mauer nach einem Taschentuch zu kramen. Tanja hatte inzwischen schon viele Steine herbeigeschleppt und übereinandergeschichtet.
„So, Felix", sagte sie dann. „Jetzt gibst du mir die Hand und

läßt dich ganz vorsichtig herunter. Du stehst dann gleich auf einem Stein."

Felix gehorchte und war heilfroh, als er endlich wieder festen Boden unter sich hatte.

„Wollen wir Freunde werden?" fragte Tanja plötzlich.

Felix war zwar sehr überrascht über diese Frage, aber er antwortete sofort mit Ja.

„Dann hilf mir gleich, die Steine zurückzutragen. Sie gehören nämlich dort zu der Baustelle", sagte Tanja.

Omas Erstkommuniontag

„Oma, bitte erzähl uns einmal von deiner Erstkommunion", bettelten die Zwillinge Korbinian und Theresa.
„O Gott, das ist ja schon so lange her", antwortete die Oma. Aber dann fing sie gleich zu erzählen an: „Eigentlich muß ich da bei dem Tag danach anfangen. Da mußten wir nämlich einen Aufsatz schreiben zu dem Thema ‚Mein schönster Tag'. Die Lehrerin erklärte uns, daß wir unseren Erstkommuniontag beschreiben müßten. Ich saß damals lange vor der leeren Heftseite, weil ich gar nicht so sicher war, daß dies mein schönster Tag gewesen ist.
Er begann nämlich schon damit, daß ich ein Kleid anziehen mußte, das mir überhaupt nicht gefiel. Außerdem war es aus einem Stoff gemacht, der innen rutschig war und sich so kalt anfühlte wie die Haut einer Schlange. Schon damals, als die Schneiderin das Kleid nähte, war ich gegen diesen Stoff. Aber man sagte mir nur, ich solle nicht so vorlaut sein und von einem Stoff verstünde ich ja sowieso nichts.
Beim Zähneputzen am Morgen dieses Festtags mußte ich ganz furchtbar aufpassen, daß ich ja keinen Tropfen Wasser hinunterschluckte, das hatte ich bisher zwar noch nie getan. Aber unser Religionslehrer erzählte uns, wem so etwas passiert, der darf nicht mit zur Kommunion gehen. Wenn er es aber trotzdem tut, kommt er gnadenlos in die Hölle.
Mein Vater zog seinen schwarzen Frack an, dazu weiße Handschuhe und setzte, stellt euch einmal das vor, er setzte seinen Zylinder auf. Ich hatte den Vater noch nie so gesehen und mußte deshalb ganz furchtbar lachen. ‚Du siehst ja aus wie ein Kaminkehrer', sagte ich. ‚Warum hast du dich denn so maskiert?' Da hat mich dann meine Mutter sehr ge-

schimpft und gesagt, dies sei keine Maske, sondern das Festgewand für Männer oder so ähnlich. Und ich soll das dumme Lachen aufhören.
Endlich gingen wir los. Wir mußten fast eine Stunde gehen, bis wir zur Kirche kamen. Es gab in unserer Wohngegend damals noch keine Straßenbahn und erst recht keinen Omnibus. Ich stolperte so recht und schlecht in meinen weißen Spangenschuhen über manchen Stein, während mein Bruder durch Ziehen an einem Ohr zurechtgewiesen wurde, daß man mit den Sonntagsschuhen keine Steine zur Seite schießt. Als wir in der Kirche ankamen, war ich schon recht müde. Wir Kinder trennten uns von den Eltern und versammelten uns in der Sakristei. Dort fragte der Religionslehrer jeden von uns, ob er auch wirklich ganz nüchtern wäre. Und ich war froh, daß sich niemand zur Höllenfahrt angemeldet hatte." Nun machte die Oma eine kleine Verschnaufpause, aber sogleich sagten Theresa und Korbinian: „Und dann, Oma? Wie ging es denn weiter? Bitte, erzähl weiter."
Und die Oma begann wieder zu erzählen: „Nun ja, dann begann der Gottesdienst. Als ich dann das heilige Brot auf die Zunge gelegt bekam, man durfte es damals weder mit der Hand anfassen noch draufbeißen, sonst wäre man schon wieder in die Hölle gekommen, da redete ich ganz ernsthaft mit Jesus. Zuerst sagte ich ihm, daß ich nicht glauben könne, daß uns der liebe Gott, der doch unser guter Vater ist, zum Beispiel wegen einem Schlückchen Wasser in die Hölle schicken würde. Auch sagte ich ihm, daß ich ihn sehr lieb hätte und daß ich nie absichtlich etwas Böses tun möchte. Ich bat ihn auch um seinen Beistand, denn ich wußte genau, daß ich vielleicht schon bald wieder einmal meinem Bruder die Hände zerkratzen oder ihm die Zunge herausstrecken würde. Aber dieses Reden mit Jesus hat mich sehr glücklich gemacht.
Im Verlauf des Gottesdienstes hat sich meine Kerze auf-

grund der Wärme so stark gebogen, daß sie wie ein Hufeisen aussah. Als sie meine Mutter auf dem Heimweg geradebiegen wollte, ist die Kerze abgebrochen.
Daheim dann saßen auch meine Tante und mein Onkel, die mit uns feiern wollten, am Tisch. Meine Mutter hatte mein Lieblingsgericht, Wiener Schnitzel mit Kartoffelsalat, gekocht. Zuvor gab es noch eine Leberknödelsuppe, in der ein paar Stückchen Rindfleisch schwammen. Da sonst nie Fleischstückchen in einer Suppe waren, langte mein Bruder mit zwei Fingern in seinen Teller, zog so ein Fleischstück heraus, hielt es in die Höhe und fragte: ‚Was ist denn das hier?' Dazu schnitt er eine Grimasse, als ob ihm davor grausen würde. Mein Vater, der in seinem Festanzug am Tisch saß, sprang auf, zerrte meinen Bruder vom Stuhl und schubste ihn zur Türe hinaus. Er bekam in der Küche seine Prügel. Meine Mutter war ganz rot im Gesicht, und uns allen war der Appetit vergangen. Dann ging die Türe auf, mein Vater stieß meinen Bruder, der heftig schluchzte, an seinen Platz zurück und fragte in die Runde: ‚Warum eßt ihr denn nicht?' Niemand antwortete. Langsam begannen wir unsere Suppe auszulöffeln. Dann sagte meine Tante: ‚Wie ich zur ersten heiligen Kommunion ging, da mußten wir am nächsten Tag in der Schule einen Aufsatz schreiben. Er hat geheißen: Mein schönster Tag. Daraufhin sah sie mich an und meinte: Das wirst du morgen vielleicht auch tun müssen."
Theresa und Korbinian atmeten jetzt lauter als gewöhnlich, und die Oma meinte abschließend: „Ja, so war das damals. Und ihr könnt euch sicher vorstellen, wie schwer es mir fiel, diesen Aufsatz zu schreiben. Ich hatte nämlich schon viel schönere Tage erlebt. Aber euer Erstkommuniontag soll einmal ganz anders werden. Richtig schön und festlich und fröhlich. Darauf könnt ihr euch verlassen."

Heimweh

Daniela wohnt mit ihren Eltern in der Großstadt. Die Eltern haben dort ein Schuhgeschäft und stehen den ganzen Tag im Laden. Für Daniela haben sie nur wenig Zeit, denn abends, wenn sie endlich nach Hause kommen, sind sie müde und wollen ihre Ruhe haben.
Nun kommen die großen Ferien, und fast alle Kinder in Danielas Klasse dürfen wegfahren. Sie reisen entweder nach Italien oder sonst in ein fremdes Land oder sie machen Urlaub auf einem Bauernhof. Daniela ist ein bißchen traurig, denn sie kann nichts erzählen. Ihre Eltern werden des Geschäftes wegen in diesem Jahr nicht wegfahren, obwohl sie wissen, daß die Stadtluft für das Kind nicht sehr günstig ist.
„Sie müßte einmal raus aufs Land, Daniela ist so blaß in letzter Zeit“, meint ihre Mutter und überlegt. Schließlich ruft sie ihre Schwester an, die in einer kleinen Stadt verheiratet ist und dort ein Geschäft hat. Sie fragt, ob sie Daniela für ein paar Wochen zu ihr schicken dürfe, das Kind bräuchte Luftveränderung usw. Die Schwester sagt ja, und Daniela wird in den Zug gesetzt. Die Tante und der Onkel haben keine Kinder, und sie freuen sich sehr, als die Kleine bei ihnen ankommt. Beim Abendessen plaudern sie alle drei recht lustig miteinander, und dann darf Daniela sogar noch ein wenig aufbleiben und fernsehen. Wie sie dann später im Fremdenzimmer in einem riesengroßen Bett liegt und sieht, wie der Mond sein Licht an die Zimmerwand wirft, da fühlt sie sich gar nicht mehr so recht wohl. Warum haben diese Fenster keine Läden und keine Übergardinen? denkt Daniela. Der Mond scheint ja direkt in dieses Zimmer herein.

Und sie hat Angst. Wovor eigentlich? Das weiß sie selber nicht. Und plötzlich möchte sie heim, nichts wie heim in ihr eigenes kleines Bett. Aber sie kann doch nicht einfach weglaufen, so mitten in der Nacht. Eine Stimme in ihr ruft: „Mama, Papa, bitte holt mich wieder heim!" Aber Daniela weiß, daß sie keiner hört. Sie schwitzt, ihre Haare sind schon ganz naß. Wenn wenigstens die Tante da wäre, denkt sie und beschließt, an der Schlafzimmertüre zu klopfen. Was aber würde sie sagen? Daniela überlegt. Ich werde sagen, daß mir schlecht ist, furchtbar schlecht. Und sie schiebt den Finger weit hinein in den Mund. Vielleicht muß ich mich übergeben, denkt sie. Das wäre jetzt gut. Es würgt sie und Tränen kommen ihr in die Augen. Aber das hilft nichts. Sie sitzt aufrecht im Bett und kramt nach einem Taschentuch. Dann steht sie auf, schleicht aus dem Zimmer und klopft leise an die Schlafzimmertüre. Die Tante wird wach und springt sofort aus dem Bett. Nun ist der Onkel auch aufgewacht. „Tante, – ich, – ich, – ich, – mir", beginnt Daniela zögernd, und schon laufen ihr dicke Tränen übers Gesicht. Da lacht der Onkel laut und spottet: „Sie hat Zeitlang, sie hat Zeitlang, das Mädchen hat Zeitlang!" Daniela steht wie erstarrt. Der Onkel, der beim Abendessen so arg nett war, ist jetzt so gemein, so furchtbar gemein zu mir, denkt sie und bringt kein Wort mehr heraus.

Jetzt nimmt die Tante das Kind bei der Hand und geht mit ihm ins Zimmer zurück. „Warst noch nie allein von daheim fort", sagt sie und streichelt Daniela mit der Hand über den Kopf. „Bist ja ganz naß. Komm, laß dich abtrocknen." Sie nimmt ein Handtuch und fährt Daniela damit über Kopf und Gesicht. Dann gehen sie beide ans Fenster. „Schau den schönen Mond an", sagte die Tante. „Der ist heute ganz voll. Wunderschön ist er. Da braucht man gar kein Licht im Zimmer, so hell leuchtet er."

„Ja, aber daheim haben wir die Läden geschlossen und noch

die Vorhänge zugezogen“, sagt Daniela. „Da sieht man ihn nicht so.“
„Fensterläden haben wir allerdings keine, und die Vorhänge sind ausgerechnet in dieser Woche in der Reinigung“, meint die Tante. „Aber schau, Daniela, dort drüben in dem Haus wohnt ein Mädchen. Lisa heißt es, das ist genau so alt wie du. Die Lisa holen wir morgen zu uns herüber. Du, die wird bestimmt eine Freundin für dich. Willst du?“ Daniela nickt erleichtert.
„So, und jetzt gehst du wieder in dein Bett, und dem Mond könntest du ja noch schnell einen Gutenachtkuß zuwerfen. Oder?“ Daniela lächelt und legt ihre Hände der Tante um den Hals. „Nein“, sagt sie, „der bekommt keinen. Aber du.“
Gleich darauf ist Daniela eingeschlafen, und ich kann euch noch verraten, daß sie und Lisa ganz dicke Freundinnen geworden sind.

Lukas, der Angeber

Lukas und Beat hatten sich letztes Jahr in den Sommerferien am Strand von Cattolica kennengelernt. Sie waren mit ihren Eltern dort. Nun machten Beats Eltern – sie kamen aus der Schweiz – ein verlängertes Wochenende in Deutschland. Natürlich wohnten sie bei den Webers, den Eltern von Lukas. Und heute abend wollten alle Erwachsenen ins Theater gehen. Lukas ärgerte sich. Er wäre viel lieber an den Fluß gegangen, dorthin, wo die vielen weißen Steine liegen. Aber nein, die Eltern meinten: „Ihr könnt noch ein wenig aufbleiben. Spielt schön und geht nicht zu spät ins Bett."
Die beiden Jungen jedoch hatten keine Lust zu spielen. Sie langweilten sich. Lukas kam sich dem um ein paar Jahre jüngeren Beat sehr überlegen vor. Und er wollte ihm dies auch zeigen. So sagte er: „Ich kann im Hallenbad vom Fünfmeterbrett springen."
„Kannst du nicht", antwortete Beat.
„Doch, ich kann noch viel mehr. Ich kann einen Salto dabei machen", sagte Lukas stolz.
„Kannst du auch nicht", antwortete Beat und schüttelte den Kopf.
„Wenn ich will, daß die Feuerwehr kommt, kann ich sie kommen lassen", prahlte Lukas.
„Kannst du nicht", sagte Beat entschieden.
„Wetten, daß ich es kann? Willst du es sehen? – Sag endlich, ob du die Feuerwehr sehen willst, jetzt gleich?"
„Ja", antwortete Beat.
„Dann warte ein paar Minuten. Ich brauche nur noch einen Hammer." Lukas öffnete das Fenster, die wunderbare Luft eines warmen Sommerabends strömte herein. „Und jetzt

schau aus dem Fenster", sagte Lukas. „Gleich kommt die Feuerwehr."
Beat tippte mit dem Finger an die Stirn und Lukas holte in aller Ruhe Vaters Hammer aus dem Werkzeugkasten und rannte damit die Treppe hinunter. Dann schlug er das Glas des Feuermelders neben der Haustüre ein und drückte auf den roten Knopf. Anschließend hastete er die Treppen wieder hinauf, schlug die Wohnungstüre hinter sich zu und stellte sich neben Beat ans Fenster. „Gleich ist sie da, die Feuerwehr", sagte er.
„Angeber!" meinte Beat.
Aber schon hörte man Sirenengeheule. Ein großer Löschzug kam herangebraust. Er hielt genau vor dem Haus, aus dessen Fenstern Lukas und Beat schauten. Ein Mann in Uniform sprang aus dem Auto und schaute sich um. Aber er sah weder Feuer noch Rauch. Da entdeckte er die beiden Jungen.
„Habt ihr die Feuerwehr geholt?" rief er hinauf.
„Ja", antwortete Lukas stolz. „Ich hab sie geholt."
„Und warum? Brennt es bei euch?"
„Nein, der Beat wollte nur einmal sehen, wie es ist, wenn die Feuerwehr kommt. Und er hat mir nicht geglaubt, daß sie kommt, wenn ich es will."
„Schon gut", sagte der Feuerwehrmann. „Und jetzt sagst du mir noch deinen Namen."
„Lukas", rief der Junge. „Ich bin der Lukas!"
„Und wie heißt dein Vater?"
„Franz", rief Lukas. „Mein Vater heißt Franz!"
„Und der Familienname?" fragte der Mann in Uniform noch.
„Weber!" rief Lukas stolz.
„Danke!" rief der Feuerwehrmann zurück. „Und wenn dein Vater heimkommt, sagst du ihm einen schönen Gruß von uns."

„Wird gemacht“, antwortete Lukas und hatte vor Begeisterung ganz rote Ohren bekommen.
Als der Löschzug wegfuhr, winkten die Jungen eifrig nach. Dann schloß Lukas das Fenster. Wie die beiden dann in ihren Betten lagen, meinte Beat: „Wirst du deinem Vater den Gruß auch bestellen?“
„Natürlich, warum denn nicht?“ fragte Lukas zurück.
„Ich weiß nicht so recht“, meinte Beat. „Ich hab da so ein ungutes Gefühl.“
„Ich nicht“, sagte Lukas. „Mein Vater freut sich immer über Grüße. Vielleicht kennt er den Mann von der Feuerwehr sogar. Mein Vater kennt nämlich viele Leute.“
Als am nächsten Morgen Lukas seine „großartige Tat“ prahlerisch beim Frühstück erzählte, wurde die Mutter blaß und der Vater sehr ärgerlich. Wütend aber wurde er erst, als am übernächsten Tag eine dicke Rechnung von der Feuerwehr im Briefkasten lag. Zum Glück waren die Gäste aus der Schweiz schon abgereist.

Letzte Vorbereitungen

Tinas Tag der Erstkommunion ist schon sehr nahe. Heute war sie mit der Mutter und der Taufpatin in der Stadt, um alles Notwendige für diesen großen Tag einzukaufen. Als sie wieder daheim sind, breiten sie alles auf dem Tisch aus. Tina läutet bei der Nachbarin und fragt: „Wollen Sie einmal rüberkommen und sehen, was wir alles gekauft haben?“ Die Nachbarin sagt:

„Ja gerne, ich muß nur noch den Herd ausschalten, damit der Blumenkohl nicht zu weich wird.“ Dann kommt sie, mit dem Schlüsselbund in der Hand, zurück und geht zusammen mit Tina in deren Wohnung.

„Schauen Sie einmal, was wir heute alles gekauft haben für unser Kommunionkind!“ ruft Tinas Mutter voller Freude.

„Das war doch eine Rennerei! Ich bin jetzt noch ganz erschöpft. Und eine Menge Geld haben wir ausgegeben! Da wird mein Mann Augen machen, wenn er nach Hause kommt. Aber das Zeug ist halt einmal so teuer.“

Sie hebt das weiße Kommunionkleid hoch und hält es Tina hin. „Schick sieht sie darin aus. Und das Kränzchen und die Schuhe sind doch auch super. Sie soll aussehen wie eine Braut im Film, habe ich mir gesagt, meine Tina. Nun ja, sie ist auch unsere Einzige. Gell, Schatz, du sollst die Schönste sein. Komm, Tina, setz einmal das Kränzchen auf.“

Tina setzt den Kranz auf. „Nicht so schief“, sagt die Mutter. „Du siehst ja sonst aus, als ob du betrunken wärst. Komm her, meine Liebe.“ Sie rückt das Kränzchen mit den langen weißen Taftschleifen auf Tinas Kopf zurecht, tritt einen Schritt zurück, sieht das Mädchen mit halb zugeknif-

fenen Augen an und meint dann: „O. k., so ist es gut, mein kleiner Engel."
Die Nachbarin stimmt mit einem Kopfnicken zu. Dann sagt sie zu Tina: „Ja, ja, es ist schon ein sehr wichtiger Tag im Leben, so ein Erstkommuniontag. Aber, – hast du denn keine Kerze?"
„Doch", antwortet Tina. „Die verzieren wir in der Gruppe. Da machen wir Motive aus Wachs drauf. Aber schauen Sie her, diese Handschuhe habe ich auch noch bekommen. Und ein Gebetbuch."
Die Nachbarin blättert kurz darin und denkt, warum sie wohl das billigste genommen haben? Da gäbe es doch noch viel schönere mit Goldschnitt. Tinas Mutter hat die Gedanken der Nachbarin erraten, denn sie sagt: „Das Buch hätte es natürlich auch mit Goldschnitt gegeben. Aber ich dachte mir, wozu dieser Aufwand? Die paar Mark können wir uns sparen. Und überhaupt, was soll's! Nur für einen Tag. Das Buch braucht sie doch im Leben nicht mehr."
„Meinen Sie?" fragt die Nachbarin und denkt dabei an das elegante Kleid und die teuren Zutaten. Dann sagt sie: „Jetzt muß ich aber doch nach dem Blumenkohl schauen, damit er nicht zu weich wird, er liegt nämlich noch im Kochwasser."

Die Leihkinder

Sie haben ein schönes Haus, einen großen Garten, zwei Autos und zwei Katzen. Sie sind schon zehn Jahre verheiratet, haben alles, was man sich nur wünschen kann, nur eines nicht: Kinder. Und sie werden auch keine bekommen, sagten ihnen die Ärzte. Deshalb überlegten sie, ob sie nicht ein Kind annehmen sollten. Als sie sich dann dafür entschieden hatten, brachten sie gleich zwei nach Hause. Zwei Brüder im Alter von vier und sechs Jahren. Lustige Burschen waren es, sie hatten rote Backen und konnten lachen, daß ihre Nachbarn aus den Fenstern schauten, wenn die beiden im Garten spielten.
„Die Winters haben Besuch", sagte Tobias zu seiner Mutter. „Ich hab da zwei Jungen gesehen. Soll ich einmal rübergehen und fragen, ob ich mit ihnen spielen darf?"
„Kannst es ja versuchen", antwortete die Mutter. „Aber dräng dich bitte nicht auf."
Tobias stieg der Einfachheit halber gleich über den Gartenzaun. Warum auch sollte er da erst an der Haustüre läuten. Es dauerte gar nicht lange, da hatten die Kinder großen Spaß aneinander. Tobias zeigte ihnen mancherlei Kunststücke, er war ja auch schon ein paar Jahre älter als die beiden anderen. Als ihn Frau Winter dann entdeckte, sagte sie: „Kannst immer rüberkommen, Tobias. Du hast ja jetzt Ferien. Dann wird es dir auch nicht langweilig daheim."
Tobias freute sich und kam an den anderen Tagen wieder.
„Was macht ihr denn den ganzen Tag?" wollte seine Mutter eines Abends wissen. „Man sieht dich daheim ja überhaupt nicht mehr, außer zum Essen."
„Ach", meinte Tobias, „bei den Winters im Garten ist es

einfach toll. Die haben da so eine Scheune, da können wir klettern und uns verstecken und dann machen wir manchmal auch Spiele. Die hat Herr Winter extra für Jan und Dirk gekauft."

„So, so", sagte die Mutter. „Jan und Dirk heißen die Kinder. Ist ja interessant, daß ich das wenigstens so nebenbei erfahre."

Tobias kaute an seinem Brot herum, als ob er Kaugummi im Mund hätte. Dann sagte er nachdenklich: „Aber eines finde ich komisch. Wenn Frau Winter dem Jan und dem Dirk Brot gibt oder einen Apfel oder ein Stück Kuchen, dann bekomme ich nichts."

„Du wirst dann doch hoffentlich nicht betteln", sagte die Mutter.

„Aber nein, natürlich nicht", antwortete Tobias. „Mir fällt da immer nur ein, daß dann, wenn bei uns andere Kinder sind und ich etwas zu essen bekomme, diese auch etwas angeboten bekommen. Bei den Winters ist das nicht so."

„Die Frau Winter wird das schon noch lernen", meinte die Mutter. „Die ist halt keine Kinder gewöhnt."

Eine ganze Woche lang ist Tobias jeden Tag über den Gartenzaun geklettert, und die drei Kinder waren sehr glücklich miteinander. Dann aber stand schon an einem frühen Morgen das große Auto des Herrn Winter vor der Haustüre und Tobias sah, daß Dirk und Jan bereits eingestiegen waren. Überrascht ging er auf den Wagen zu und klopfte an das Fenster. Die beiden Buben klopften von innen auch an die Scheiben, sie machten Faxen und schnitten lustige Grimassen.

„Machen Sie einen Ausflug?" fragte Tobias Frau Winter, die, mit einem Koffer in der Hand, gerade aus dem Haus kam. Frau Winter gab keine Antwort. „Wann kommen Sie denn zurück?" fragte Tobias. „Kommen Sie heute abend wieder zurück?" Frau Winter stieg in das Auto. Sie fuhren

weg. Dirk und Jan zappelten auf ihren Sitzen herum und winkten heftig. Jetzt hob Tobias langsam den Arm hoch und winkte auch, aber nur ein ganz klein wenig. Enttäuscht ging er nach Hause.
Nach ein paar Tagen hörte seine Mutter im Supermarkt, wie die Frau Winter einer Bekannten erzählte: „Wir hatten die beiden nur zur Probe. Eigentlich wollten wir sie adoptieren. Aber wir haben sie wieder zurückgegeben. Stellen Sie sich vor, die waren jeden Tag schon um sechs Uhr wach. Wo ich doch gewöhnt bin, bis neun Uhr zu schlafen. Und gegessen haben diese Kinder! Mein Gott, hatten die einen Appetit! Das kostet ja alles Geld! Nein, haben wir gesagt, da machen wir lieber schöne Reisen für unser Geld, als daß wir fremde Kinder durchfüttern. So blöd sind wir nun auch wieder nicht."
Die Mutter war entsetzt, als sie dies hörte. Und auch der Vater wunderte sich über seine Nachbarn. Tobias aber drückte sich an die Mutter und fragte leise: „Sag einmal, Mama, esse ich auch zu viel, und koste ich auch zu viel Geld?" Da lachte die Mutter, nahm sein Gesicht zwischen ihre Hände, sah ihm fest in die Augen und sagte: „Aber nein, Tobias, wir haben dich doch lieb."

Katrin kommt nicht mehr zur Schule

Katrin war meine Banknachbarin und auch ein bißchen meine Freundin. Wie gesagt, nur ein bißchen meine Freundin. Das heißt, daß wir uns immer gut verstanden haben im Unterricht und auch in den Pausen. Nur in der Freizeit klappte es nicht mit uns beiden. Katrin stammte nämlich aus einer sehr vornehmen Familie. Sie wohnte mit ihren Eltern und Geschwistern in einer alten Villa, die mitten in einem Park stand. Mein Vater dagegen war ein kleiner Beamter, und wir wohnten in einem Mietshaus mit einem Schrebergarten dahinter. Während ich in meiner Freizeit mit den Kindern unserer Straße herumtobte, spielte Katrin mit ihren Schwestern und ihrem Bruder im Park hinter dem großen schmiedeeisernen Tor, oder klimperte auf dem Klavier herum. Dies hörte man im Sommer dann bis auf die Straße hinaus.

Obwohl Katrin, wie alle Kinder aus meiner Klasse, ein Fahrrad hatte, durfte sie nie außerhalb des häuslichen Parks damit fahren. Deshalb konnte sie auch nie an den kleinen Rennen teilnehmen, die wir oftmals in unserer Straße veranstalteten. Ich habe ihr dann immer erzählt, wer gewonnen hatte.

Eines Tages war der Platz neben mir auf der Schulbank leer. Die Lehrerin kam etwas später als sonst herein. Sie war blaß im Gesicht, und wir dachten schon, sie sei krank. Dann erzählte sie uns, daß die Katrin tot sei. Gestern wäre sie, keiner wußte warum, mit dem Rad über den Maximiliansplatz gefahren. Dabei wurde sie von einem Auto gerammt und zu Boden geworfen. Sie fiel auf den Hinterkopf und war sofort tot. Was war das für eine Nachricht! Ich heulte meine beiden Taschentücher naß und konnte mich den ganzen Vormittag lang nicht mehr beruhigen. Bis ich nach Hause kam, hatte sich der Unfall bereits in unserer Straße herumgesprochen. Meine Mutter wußte auch, daß Katrin noch nicht in der Leichenhalle auf dem Friedhof lag, sondern daheim aufgebahrt war. Dies ließ mir keine Ruhe. Ich mußte Katrin noch einmal sehen. Mein Vater erlaubte mir, daß ich einen schönen Blumenstrauß im Garten pflücken durfte. Dann schlich ich, beklommenen Herzens, zur Villa im Park. Durch das Tor fuhr gerade ein großer schwarzer Mercedes, als ich ankam. So schlüpfte ich schnell in den Park hinein und ging auf die Haustüre zu. Ich wunderte mich sehr, daß mich das Hausmädchen hineinließ, als sie meinen bunten Strauß sah, mein verweintes Gesicht und ich flüsterte: „Zur Katrin."

Nun stand ich in der großen, hellerleuchteten Diele, in deren Mitte Katrin in einem schneeweißen Sarg lag. Sie hatte ein rosarotes, kurzärmeliges Seidenkleid an und auf dem Kopf ein Kränzchen aus frischen Margariten. Ihr Gesicht war braungebrannt wie gestern noch, nur die Wangen waren nicht mehr rot, die Lippen waren lila. Man hatte ihr einen Strauß weißer Lilien in die gefalteten Hände gelegt. Neben dem Sarg standen mehrere hohe Leuchter mit brennenden Kerzen.

Ich wagte gar nicht recht näherzukommen. Es standen ja schon so viele Leute herum, und ich wußte gar nicht, wie ich mich benehmen sollte. Plötzlich stand eine feine Dame hinter mir, es dürfte wohl Katrins Mutter gewesen sein. Sie faßte mich bei den Schultern, griff dann nach meinem Blumenstrauß und sagte leise: „Darfst ihr schon noch Lebewohl sagen." Sie schob mich vorsichtig ganz nahe an den Sarg heran und ich wußte nicht, was ich tun sollte. Ich war plötzlich so hilflos. Dann streckte ich meine Hand aus und streichelte Katrin ganz sachte über ihre linke Wange. Dabei erschrak ich darüber, daß das Gesicht so eiskalt war, und das mitten im heißen Sommer. Als ein paar Leute plötzlich hörbar schluchzten, dachte ich, jetzt habe ich etwas falsch gemacht. Schnell machte ich einen leichten Knicks und eilte zur Türe. Während ich nach Hause lief, rannen mir heiße Tränen übers Gesicht, aber in der rechten Hand spürte ich immer noch, wie kalt Katrin jetzt war.

Gewalt

Der Unterricht ist beendet. Die Kinder verlassen das Schulgebäude. Markus, Susanne und Marion hängen sich an den Schulranzen von Simone. Diese wehrt sich, sie will die Kinder abschütteln, will sie los werden. Die anderen drei rufen: „Simone, Zitrone, Kanone, Schablone!“ „Laßt mich in Ruhe! Hört endlich auf!“ schreit Simone zurück. Aber das nützt nichts. Jetzt rufen die anderen nur noch lauter: „Simone, Zitrone, Schablone, Kanone!“ Dann lachen sie, daß sie fast nicht mehr geradestehen können. Simone gelingt es nun sich loszureißen. Sie beginnt zu rennen. Schon hat sie einen kleinen Vorsprung. Sie blickt sich kurz nach den anderen um. Dabei stolpert sie und fällt zu Boden. Jetzt sind die anderen neben ihr. Simone will aufstehen, aber Markus läßt sie nicht. Er hat seinen Fuß auf Simones Rücken gestellt. Verzweifelt versucht das Mädchen hochzukommen.

„Laßt mich endlich in Ruhe. Ich hab euch nichts getan!“ Simone weint. Jetzt gibt ihr auch Marion noch einen Tritt, und Susanne schließt sich an.

„Aua!“ jammert Simone, „ich sag es meiner Mama.“

„Sie sagt es ihrer Mama“, spottet Markus. „So geh doch schon, wenn du kannst. Sag es deiner Mama.“

Inzwischen haben die beiden anderen auch noch jeweils einen Fuß auf Simone gestellt. Von den anderen Schulkindern sieht man keines mehr. Aber die Lehrer kommen gerade durch die große Glastüre heraus. Marion hat sie als erste entdeckt. „Schau hin“, sagt sie, stupst Markus kurz in die Seite und deutet mit dem Kopf in Richtung Schulhaus. Auch Susanne hat die Lehrer gesehen.

„Ich muß jetzt heim“, sagt sie und gibt Simone noch schnell einen Tritt. Auch Markus und Marion stoßen noch einmal kräftig zu. Dann gehen auch sie ihren Weg.
Simone steht auf, kramt nach einem Taschentuch, wischt sich Gesicht und Hände ab. Der Rücken schmerzt sie. Was die wohl gegen mich haben? denkt sie. Immer wieder verspotten sie mich. Ich hab ihnen doch noch nie etwas getan. Ich könnte ja auch sagen: Susanne, Badewanne, Gießkanne oder so ähnlich. Aber so blöd bin ich ja schließlich nicht.
Marion und Markus schlendern langsam die Straße entlang. Plötzlich bleibt Marion stehen und fragt: „Sag mal, warum ärgern wir eigentlich die Simone immer?“
„Ach so, halt nur so, weil's Spaß macht.“ Markus schießt mit dem Schuh einen Stein nach vorne. Dann spuckt er kräftig aus. Er fühlt sich mächtig stark in diesem Augenblick.
Daheim dann war es der Marion gar nicht mehr so richtig wohl. Sie muß immer wieder daran denken, daß Markus gesagt hat, daß es Spaß macht. Ihr hatte es eigentlich noch nie Spaß gemacht. Und sie beginnt zu überlegen: Warum habe ich da eigentlich mitgemacht? Eigentlich auch nur so? Und plötzlich merkt sie, daß das, was sie da getan haben, ganz gemein war. Ja wirklich, ganz hundsgemein. Susanne aber denkt, hoffentlich haben es die Lehrer nicht gesehen, sonst geht morgen wieder eine große Fragerei los.

Carola schreibt einen Brief

Liebe Oma, lieber Opa,
jetzt muß ich Euch gleich schreiben, weil ich mich über Euren lieben Brief so sehr gefreut habe. Ich bin sehr glücklich, daß ich in den Sommerferien wieder ein paar Wochen bei Euch sein darf. Papa hat zwar gemeint, ich müßte unbedingt mit ihm und Mama nach Finnland fahren. Aber ich will nicht. Da versteh ich ja nicht einmal die Sprache, die die Leute reden.
„Du stinkst wohl lieber nach Ziegenbock und Hühnerdreck", hat Papa gesagt, die Zeitung auf den Tisch geknallt und ist in den Garten hinausgegangen. Aber die Mama hat zu mir gehalten, hat mir freundlich zugenickt und gesagt: „Ich kann dich ja verstehen. Fahr nur zu deinen Großeltern. Die Landluft wird dir bestimmt guttun."
Eigentlich habe ich mich gewundert, daß Mama plötzlich die Landluft liebt. Stellt Euch vor, seit neuestem hat sie nämlich eine sehr vornehme Bekannte, eine alte Dame. Und die kommt öfter einmal zu uns zu Besuch. Dann muß ich einen Rock anziehen anstatt Jeans, weil die alte Frau Mädchen in Hosen nicht mag. Und ich muß dann ordentlich am Tisch sitzen und von der Schule erzählen. Die Frau war nämlich früher einmal Lehrerin. Dann erzählt sie aus ihrer Kinderzeit und sagt auch, daß die Kinder früher viel braver gewesen wären als heute. Aber das glaube ich ihr nicht. Seit ihrem letzten Besuch bei uns nennt sie mich „meine Süße", und sie findet es besonders „niedlich", wenn ich die große Teekanne aus der Küche heranschleppe. Ich muß die Frau nämlich immer bedienen. Das gefällt ihr, aber mich ärgert dies furchtbar. Heute durfte ich nicht einmal ins Hallenbad

gehen, wie meine Freundinnen, nur weil *sie* da war. Ich habe mich so geärgert! Wie ich dann in der Küche die Teekanne holte, um sie ins Zimmer zu tragen, habe ich schnell den Deckel hochgehoben und in den Tee hineingespuckt. Wenn sie das wüßte, dann würde sie glatt ausflippen. Die Mama weiß das natürlich auch nicht, und ich sage es ja auch nur Euch. Aber wenn sie wieder kommt, die vornehme Dame, dann werde ich wieder in den Tee spucken. Ich freue mich sehr, wenn ich Euch wieder sehe.
Liebe Grüße von

Eurer Carola.

Ich kann es kaum erwarten, bis die Ferien angehen.

Der fröhliche Gottesdienst

Katja sitzt mit ihrer Mutter schon ein paar Minuten vor Beginn des Gottesdienstes in einer Bank. Plötzlich sagt Katja: „Da riecht's so komisch."
Die Mutter nickt. Katja hält sich die Nase zu. Dann schaut sie nach hinten. Jetzt stupst sie die Mutter an und flüstert: „Schau einmal nach hinten". Die Mutter schüttelt den Kopf und schließt die Augen. Katja läßt ihr keine Ruhe. Wieder bettelt sie: „Bitte Mama, schau einmal um." Die Mutter dreht sich kurz zur Seite und schaut um. Dabei macht auch sie eine Entdeckung. Zwei Bänke hinter ihnen sitzt ein völlig zerlumpter, unrasierter, rotgesichtiger Mann, ein Penner. Der Mutter ist sofort klar, woher dieser Geruch nach Alkohol, Schweiß und Tabak kommt. Sie flüstert Katja zu: „Komm, wir gehen ein paar Bänke weiter nach vorne." Katja hält sich erneut die Nase zu, schneidet eine Grimasse, die Abscheu ausdrückt und geht der Mutter nach. Inzwischen hat sich die Kirche bis auf den letzten Platz gefüllt, die Orgel spielt, die Leute singen, der Gottesdienst hat begonnen.
Plötzlich wird der unangenehme Geruch wieder stärker, Katja hält ihr Taschentuch an die Nase. In diesem Augenblick geht der Penner an ihr vorbei, er hat beide Arme weit ausgebreitet und etwas nach oben gerichtet. Dabei singt er laut, ja, viel lauter als die anderen, das soeben begonnene Lied mit. Direkt vor dem Altar bleibt er stehen. Die Leute recken die Hälse. Was will denn dieser verkommene Mensch dort? denkt mancher von ihnen.
Die Orgel beginnt erneut ein Lied einzuspielen. Und wieder hebt der Mann die Arme hoch, und wieder singt er laut und

mit klarer Stimme. Dann beginnt er in die Hände zu klatschen, genau im Takt der Melodie. Jetzt ist sein ganzer Körper in Bewegung. Den Kindern in den vorderen Bänken gefällt das, und zögernd beginnen jetzt auch einige von ihnen zu klatschen. Und bis das Lied zu Ende ist, klatschen alle. Die Kinder lachen laut vor Freude und Begeisterung. Alles ist ein einziges Lob Gottes. Nur ein paar alte Frauen schütteln den Kopf. Sie sind entsetzt. Das Lied ist zu Ende, der Mann geht wieder auf seinen Platz zurück. Erst am Schluß der heiligen Messe verläßt er abermals seine Bank und geht erneut nach vorne. Und wieder singt er sehr laut, und er klatscht in die Hände, und wieder schließen sich die Kinder, und diesmal auch einige Erwachsene, an. Die Stimmung im Kirchenraum ist fröhlicher als je zuvor.

Frohgestimmt verlassen die Menschen das Gotteshaus. Direkt vor dem Portal aber steht der zerlumpte Mann mit gesenktem Blick. Er hält seine graue Strickmütze, wie eine Schüssel geöffnet, in beiden Händen und bittet um eine milde Gabe.

Jemanden glücklich machen

Vier Kinder hatte sie geboren, hatte sie großgezogen und sehr geliebt. Nun waren sie alle aus dem Haus. Irgendwo führten sie ihr eigenes Leben.
Nun war Frau B. auch noch Witwe geworden. Dies war ein harter Schlag für sie. Seit sie allein war, fühlte sie sich plötzlich überflüssig in dieser Welt. Sie sah keine Aufgaben mehr. Als die Familie noch beisammen war, hatte sie sich jeden Morgen, gleich nach dem Erwachen vorgenommen, an diesem Tag irgend jemandem eine Freude zu machen. Dies war ihr meistens gelungen. Da war ein Kind zu trösten, daß es wieder lachte, da konnte sie ihrem Mann sein Lieblingsessen auf den Tisch stellen. Aber jetzt?
So kniete sie eines Tages, wie schon öfter in letzter Zeit, vor dem Bild der gnadenreichen Madonna in der schönen Wallfahrtskirche und überdachte den Tag. – Ja, es ist wirklich schwer, jemandem eine Freude zu machen, wenn man so allein ist, fand sie. Und manchmal sah sie einfach keine Möglichkeit dazu. Die Menschen um sie herum waren alle so satt und selbstzufrieden. Und im Bus jemandem seinen Platz anzubieten, war schon ganz unmöglich. Man hätte sie belächelt, ihr auf die Schultern geklopft und gesagt: „Aber nein, Muttchen, bleib nur sitzen, bist ja auch nicht mehr die Jüngste."
Wie sie dies alles der Maria mit dem rauchgeschwärzten Mantel erzählte, kam eine junge Mutter mit ihrer kleinen Tochter herein. Gespannt schaute das Mädchen auf die brennenden Wachslichter in ihrer roten Behältern, dann fragte sie die Mutter: „Darf ich eine Kerze anzünden?" Die Mutter tat, als ob sie es nicht hörte.

„Ich möchte eine Kerze anzünden. Bitte, Mama!" flüsterte das Kind jetzt eindringlicher. Die Mutter neigte sich zu der Kleinen und sagte: „Andrea, das geht heute nicht. Ich hab gar kein Geld bei mir."
„Dann zünde ich einfach so eine an", meinte Andrea und ging mit sicheren Schritten auf den Tisch zu, auf dem die Kerzen lagen.
„Nein, das darf man nicht, da muß man zuerst Geld in dieses Kästchen werfen", sagte die Mutter. Andrea suchte nach dem Opferkasten und fragte: „Da hinein?" Die Mutter nickte.
Jetzt stupste Frau B. die Kleine an und sagte: „Du darfst eine Kerze anzünden. Ich bezahle sie." Unsicher schaute ihr Andrea in die Augen. Da nickte ihr Frau B. aufmunternd zu, nahm eine Kerze und gab sie Andrea in die Hand. Andrea lächelte und schaute ihre Mutter an. „Ich darf", sagte sie, hielt den Docht an eine Kerzenflamme und stellte das Licht in einen Leuchter. Frau B. nickte ihr anerkennend zu: „Darfst noch eine anzünden." Andrea nahm noch eine und dann noch eine und dann eine letzte. Mit großer Andacht und Feierlichkeit entzündete sie ein Licht nach dem anderen. Wie schön dieses feine Kindergesicht im Schein dieser brennenden Kerzen doch aussieht, dachte Frau B. Nun kam noch ein Mädchen herein, es war Andreas Schwester Nina.
„Ich möchte auch eine Kerze anzünden!" rief sie und schaute die Mutter bittend an. Da sagte Frau B. ganz schnell: „Du darfst das Geld in den Opferkasten werfen", und gab dem Kind ein paar Markstücke in die Hand. Ohne lange zu überlegen, warf Nina mit großer Begeisterung das Geld in den Opferkasten. Dann lachte sie und winkte der Madonna freundschaftlich mit der Hand.
An diesem Tag aber war Frau B. wieder einmal so richtig glücklich. War es ihr doch gelungen, zwei Kindern eine kleine Freude zu machen.

Die gnadenbringende Weihnachtszeit

Simon ist mit seiner Mutter zum Supermarkt gegangen. Er schiebt den großen Einkaufswagen vor sich her, aus dem Lautsprecher ertönen Weihnachtslieder. Als man „O du fröhliche, o du selige, gnadenbringende Weihnachtszeit" spielt, singt Simon plötzlich mit. Er hat das Lied neulich erst in der Schule gelernt.
„Simon", sagt die Mutter, „du sollst nicht träumen am hellichten Tag. Hol mir lieber zwei Würfel Hefe. Dort drüben neben der Milch findest du sie."
Gnadenbringende Weihnachtszeit, denkt Simon. Ein komisches Wort: Gnadenbringende. Dann sagt er leise vor sich hin: „Gnadenbringende, Bratenbringende Weihnachtszeit, Gänsebratenbringende Weihnachtszeit".
„Die Hefe!" sagt die Mutter noch einmal. Und Simon holt sie. Er legt sie in den Einkaufswagen. Die Mutter überliest halblaut ihre Einkaufsliste für die Weihnachtsbäckerei, als Simon fragt: „Sag einmal Mama, was heißt eigentlich gnadenbringende Weihnachtszeit?"
„Mensch, Junge!" sagt die Mutter. „Ich hab jetzt andere Sorgen. Wir dürfen nichts vergessen. Mandeln brauchen wir noch und Haselnüsse. Schau einmal, wo sie sind."
An der Kasse stehen die Leute schon in einer langen Reihe. Simon fragt noch einmal: „Kannst du mir jetzt vielleicht sagen, was gnadenbringende Weihnachtszeit heißt?"
„Nein"! antwortet die Mutter energisch, und Simon summt die Melodie vor sich hin.
Als der Vater am späten Nachmittag nach Hause kommt, schaltet er erst einmal das Radio ein. Ein Kinderchor singt Advents- und Weihnachtslieder.

„Ich werde heute noch einen Christbaum kaufen", sagt der Vater. „Jetzt haben wir noch die große Auswahl."
„Ich will aber heuer keinen Baum", sagt die Mutter.
„Was?" fragt der Vater entsetzt, „du willst keinen Christbaum?"
„Nein", antwortet die Mutter. „Ich hab schon genug Arbeit an Weihnachten. Jedes Jahr diese große Kocherei und dann die Arbeit mit den Besuchen und – ehrlich gesagt – er steht ja doch nur im Weg, und nach drei Tagen beginnt er zu nadeln und . . ."
Jetzt fällt ihr der Mann ins Wort: „Halt!" sagt er. „Und ein Kind haben wir auch noch."
„Ein Was?" fragt die Mutter und sieht ganz unfreundlich drein.
„Ein Kind, den Simon", antwortet der Vater überdeutlich. „Und ein Kind braucht einen Christbaum."
Der Kinderchor im Radio singt jetzt: „O du fröhliche, o du selige, gnadenbringende Weihnachtszeit". Da kommt Simon ins Zimmer und ruft: „Papa! kannst du mir vielleicht sagen, was ‚gnadenbringende Weihnachtszeit' heißt?"
„O Simon", sagt der Vater. „Ich bin jetzt echt müde vom Büro. Quäl mich nicht du auch noch mit so schwierigen Fragen. Ein anderes Mal gern. Aber jetzt bitte nicht."
Die Erwachsenen sind manches Mal doch wirklich komisch, denkt Simon und zieht sich in sein Zimmer zurück.
Dann läutet das Telefon. Als Onkel Hans fragt, ob er kurz vorbeikommen könne, weil er gerade auf dem Weg zum Weihnachtsmarkt sei, freut sich Simon sehr. Jetzt werde ich den Onkel fragen, denkt er und schnalzt vor Vergnügen mit der Zunge.
Der Onkel Hans hängt gerade seinen Anorak an den Haken, da fragt ihn Simon: „Onkel Hans, kannst du mir vielleicht sagen, was heißt ‚gnadenbringende Weihnachtszeit'?"

„Wie kommst du denn darauf?“ fragt der Onkel.
„Wir haben das Lied in der Schule gelernt, ich singe es dir jetzt einmal vor“, sagt Simon und beginnt zu singen. Und schon stimmt der Onkel mit seiner tiefen Baßstimme mit ein, und es klingt jetzt wunderschön, wie die beiden dieses alte, einfache Weihnachtslied singen. Auch der Vater stimmt plötzlich mit ein. Nur die Mutter schüttelt den Kopf und sagt leise vor sich hin: „Verrückte Mannsbilder, ist doch einer wie der andere.“
Nachdem der Gesang beendet ist, fragt Simon wieder:
„Also, Onkel Hans, was bedeutet nun ‚gnadenbringende Weihnachtszeit‘ eigentlich?
Der Onkel kratzt sich am Kopf, so wie er es meistens tut, wenn er fest nachdenkt. Dann holt er tief Luft und sagt:
„Also das Wort ‚gnadenbringende Weihnachtszeit‘ bedeutet, daß die Weihnachtszeit nicht allein kommt, sondern daß sie etwas mitbringt.“
„Und was bringt sie dann mit?“ möchte Simon jetzt wissen.
„Wie es im Lied heißt, ‚gnadenbringende Weihnachtszeit‘. Das heißt, daß die Weihnachtszeit Gnaden mitbringt.“
„Bekomme ich dann auch so Gnaden?“ fragt Simon.
„Aber klar“, antwortet Onkel Hans. „Jeder Mensch kann Gnaden bekommen.“
„Und von wem?“
„Weißt du Simon, das ist so: Gnaden bekommt man meistens von Gott“, versucht der Onkel zu erklären.
„Aber was sind denn Gnaden? Was ist das eigentlich?“ fragt Simon.
„Ja“, meint der Onkel, „da hat man plötzlich eine gute Idee und es fällt einem zum Beispiel ein, daß man mit einem Freund, mit dem man zerstritten ist, wieder gut sein könnte. Oder man lädt einen Jungen aus der Klasse, den keiner so recht mag, zum Geburtstag ein.“

„Jetzt hab ich's endlich kapiert, ist ja gar nicht so schwer zu verstehn", sagt Simon und nimmt den Anorak vom Haken.
„Komm, Papa, komm, Onkel Hans, jetzt gehn wir aber gleich zum Weihnachtsmarkt, es ist schon so schön dunkel draußen, und es fängt auch schon zu schneien an."
Wie sie das Haus verlassen, summt Simon schon wieder die Melodie von der gnadenbringenden Weihnachtszeit.